世界货币上的中国印记

SHIJIE HUOBI SHANG DE ZHONGGUO YINJI

杜晓建　著

全国百佳图书出版单位
APGTIME 时代出版
时代出版传媒股份有限公司
安徽人民出版社

图书在版编目(CIP)数据

世界货币上的中国印记 / 杜晓建著 . -- 合肥 : 安徽人民出版社 , 2021.7
ISBN 978-7-212-10816-8

Ⅰ . ①世… Ⅱ . ①杜… Ⅲ . ①世界货币—研究 Ⅳ . ① F821

中国版本图书馆 CIP 数据核字 (2021) 第 125916 号

世界货币上的中国印记

杜晓建　著

出 版 人： 陈宝红　**选题策划：** 刘　哲　**责任编辑：** 袁小燕　周　羽
责任印制： 董　亮　**装帧设计：** 宋文岚　**封面题撰：** 邹惠男

出版发行： 时代出版传媒股份有限公司 http://www.press - mart.com
安徽人民出版社 http://www.ahpeople.com
地　　址： 合肥市政务文化新区翡翠路 1118 号出版传媒广场八楼
邮　　编： 230071
电　　话： 0551-63533258　0551-63533259（传真）
印　　刷： 合肥精艺印刷有限公司

开本： 787mm × 1092mm　1/16　**印张：** 15　**字数：** 230 千
版次： 2021 年 7 月第 1 版　2021 年 7 月第 1 次印刷

ISBN 978 - 7 - 212 - 10816 - 8　**定价：** 128.00 元

无论是人与人之间、政党与政党之间、国与国之间的合作，都必须是互利的，而不能使任何一方受到损害。如果任何一方受到损害，合作就不能维持下去。

（《毛泽东外交文选》第 167 页；1954 年 10 月 21 日）

不管国际格局如何变化，我们都要始终坚持平等民主、兼容并蓄，尊重各国自主选择社会制度和发展道路的权利，尊重文明多样性，做到国家不分大小、强弱、贫富都是国际社会的平等成员，一国的事情由本国人民做主，国际上的事情由各国商量着办。

——2013 年 3 月 27 日习近平在金砖国家领导人第五次会晤时的主旨讲话

2019 年 11 月 11 日，国家主席习近平和夫人彭丽媛在希腊总理米佐塔基斯夫妇陪同下，共同参观希腊比雷埃夫斯港口项目。习近平与港口当地员工代表亲切交谈时说：“我很高兴来到比雷埃夫斯港参观。百闻不如一见。今天我在这里看到，中国倡议的‘一带一路’不是口号和传说，而是成功的实践和精彩的现实。‘一带一路’倡议坚持共商共建共享，不是一家说了算，而是大家共担责任，共享成果。中国在对外交往中秉持正确义利观。我很高兴得知，在你们困难的时候，中远海运比雷埃夫斯港项目帮了你们。你们把比雷埃夫斯港建设好，就是共建‘一带一路’的重要参与者和贡献者。祝你们工作顺利、生活幸福。”

序

世界上所有的国家银行发行货币时，对货币图案的设计和抉择都是事关国家声誉的大事情。货币是一个国家的名片。

凡印在这张名片上的人物、动物、植物、建筑等图案都是这个国家引以为傲的标志。

多少年来，各国银行家们深知，发行货币不单纯是本国金融领域的事情，货币为本国人民提供日常的流通支付功能时，也负有一项重要的社会职能——历史和文化的传承功能，向世界传递着本国经济发展及价值取向等讯息。

本书所涉及的几十个国家的银行家们，不约而同地用本国货币向本国人民阐述中国援助的故事，向世界宣传本国与中国的关系以及两国人民之间的友好情感。这些国家的银行家们把中国援建的大型项目（桥梁、隧道、码头、大学教学楼、剧院、工厂、体育馆、图书馆、火电站、风电场、水电站、议会大楼、银行总部、通信卫星……）印在本国货币上，历经岁月，见证了中华人民共和国成立后始终与世界各国人民互相帮助，共同追求和平发展的多边关系的外交举措。世界各国用“硬通货”这张国家名片展示着共商共建共享，共同发展、繁荣过程中的中国智慧，令世人震撼！

中华人民共和国成立后，中国作为世界上最大的发展中国家，人口多，底子薄，在致力于自身发展的同时，始终坚持向第三世界国家伸出援助之手，提供力所能及的帮助，履行相应的国际义务，并且始终坚持平等互利，注重实效，与时俱进，不附带任何政治条件，在国际舞台上形成了具有中国特色的国际合作模式。

这些世界货币见证了中国共产党党史、新中国史、改革开放史、社会主义发展史，见证了中国在纷繁复杂的国际交流旋涡中巩固与广大发展中国家的友好关系和经贸往来，而且与各国携手铺就了一条阳关大道，也见证了新中国的计划经济体制向社会主义市场经济体制转变过程，以及援外项目不断完善和发展的过程。中国的年轻一代从这些世界货币中可以感悟到各个时期的党和国家领导人在制定新时期中国对外工作的根本目标和任务时明确不计较意识形态和社会制度的差异，从国家自身战略利益出发，推动国际关系发展的观点是多么高瞻远瞩，料远若近。

外国银行家们用他们的眼光和半个多世纪的货币，持续地向世界讲述着中国故事。这些货币见证了时代的奇迹， 这些珍贵的收藏和读者们分享了“地球村”凤凰涅槃的逐梦之变。

杜晓建先生是我长达十多年的泉友，他长期坚持研究和收藏中外货币，颇有建树，本书是他精心研究的成果之一，细品慢读，观感颇深。每一枚钱币的描述均凝聚了杜先生一丝不苟的实战精神。为了确保货币图案正确无误，杜先生搜罗了大量原始素材，反复核实和论证，认真地考证了世界货币上的每一个中国印记。这些印记撰写了不同文明交流互鉴、携手发展共赢的历史新篇章。

我们完全有理由相信，在不远的将来，当数字货币逐步推广应用时，越来越多的人在互联网上使用手机完成支付时，本书集藏的一些货币退出流通，成了今后难觅的文物收藏品时，世界货币上留载的中国印记，更显人类命运共同体的存世价值，这是多么有意义的故事！

世界的明天一定会更美好！

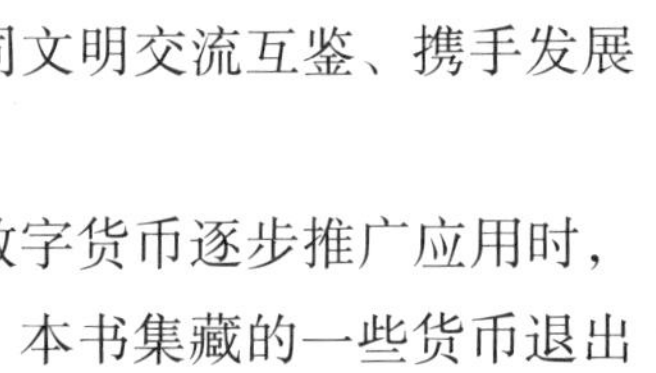

余榴梁，全国十佳收藏家之一，中国著名钱币学家，上海市收藏鉴赏家协会顾问。

由于各国币制变化，有些国家货币汇率波动很大，甚至有些货币已经退出流通多年。因此，本书所列各国货币与人民币的汇率仅供读者阅读时参考比照，数据均为 2021 年 6 月 10 日所查。实际汇率应当以中国人民银行公布的当日汇率为准。

本书所涉及国家人口和国土面积数据均来源于外交部官方网站。

1991 年 10 月 3 日—10 日，中华人民共和国外交部集币协会，上海社会科学院和平与发展研究所选在上海商城，这个刚刚开始起步开发建设的上海浦东中心位置举办了万国铸币展，让市民们看到了世界货币的五彩斑斓。今天，我们把世界货币上的中国印记呈现给读者，更是把一幅震撼心魂的恢宏画面呈现给读者！

本书所示货币图片皆为图样，非原尺寸。

此图为 1991 年“万国铸币展”门票实物图

目 录

序 /001

壹 架桥筑路蹚坦途 /001

01. 朝鲜 50 朝元上的平壤大同江铁桥 /003
02 . 越南 50 盾上的援越抗美交通运输线 /007
03. 马达加斯加 1000 阿里亚里上的四号国道 /009
04. 泰国 20 泰铢上的拉玛八世大桥 /012
05. 刚果民主共和国 500 法郎上的金苏卡大桥 /014
06. 斯里兰卡 1000 卢比上的 Ramboda Pass 隧道 /016
07. 孟加拉国 70 塔卡上的帕德玛大桥 /018
08. 牙买加 5000 元上的南北高速公路 /020
09. 摩洛哥 20 迪拉姆上的穆罕默德六世桥 /022
10. 英国 20 英镑上的苏格兰昆斯费里大桥 /024
11. 印度尼西亚 75000 卢比上的雅万高铁 /026

贰 港区新城助繁荣 /029

01. 毛里塔尼亚 2000 乌吉亚上的努瓦克肖特港区 /031
02. 马耳他 10 里拉上的 30 万吨干船坞 /033
03. 马耳他 2 里拉上的首都大港 /036

04. 安哥拉 200 宽扎上的罗安达港区　/038
05. 古巴 10 比索（外汇兑换券）上的长城皮卡汽车　/040
06. 摩洛哥 200 迪拉姆上的丹吉尔港区　/042
07. 巴基斯坦 5 卢比上的瓜达尔深水港　/044
08. 吉布提 40 法郎和 1000 法郎上的中国保障基地　/048
09. 刚果民主共和国 500 法郎上的马塔迪港区　/051
10. 柬埔寨 1000 瑞尔上的西哈努克港区　/053
11. 斯里兰卡 20 卢比上的科伦坡港口城　/055

叁　地标建筑传友情　/057

01. 苏丹纸币上的民族友谊宫　/059
02. 赞比亚 20 克瓦查上的政府办公楼　/064
03. 莫桑比克 50000 梅蒂卡尔和 100000 梅蒂卡尔上的银行大楼　/067
04. 佛得角 2500 埃斯库多上的议会大楼　/070
05. 瓦努阿图 200 瓦图和 500 瓦图上的议会楼　/072
06. 加纳 2 塞地上的恩克鲁玛陵园　/075
07. 吉布提 2000 法郎上的总统府　/079
08. 吉布提 5000 法郎和 10000 法郎上的国家银行大楼　/081
09. 塞拉利昂 5 利昂上的议会大楼　/084

10. 几内亚比绍 100 比索上的人民宫　/086
11. 缅甸 1000 缅元和 5000 缅元上的议会建筑群　/088
12. 马拉维 200 克瓦查上的议会大楼　/090
13. 汤加 50 潘加上的皇宫　/092
14. 萨摩亚 50 塔拉上的政府办公大楼　/094
15. 肯尼亚 1000 先令上的国会大厦　/096
16. 科威特 5 第纳尔上的中央银行总部大楼　/098
17. 加纳 2 塞地和 100 塞地上的议会大楼　/100
18. 加纳 20 塞地上的最高法院办公楼　/103
19. 阿尔及利亚 1000 第纳尔上的嘉玛清真寺　/105
20 . 埃及 50 皮阿斯特和 1 埃及镑上的首都新行政中心　/108
21. 巴布亚新几内亚 2 基那、5 基那、100 基那上的国家会议中心和独立大道　/110

肆　工业基础添动力　/113

01. 阿尔巴尼亚 5 列克和 25 列克上的解放牌卡车　/115
02. 阿尔巴尼亚 10 列克上的毛泽东纺织厂　/118
03. 阿尔巴尼亚 100 列克上的毛泽东水电站　/120
04. 阿尔巴尼亚 100 列克上的爱尔桑巴钢铁联合企业　/122

05. 几内亚 50 法郎、5000 法郎上的金康水电站 /124
06. 坦桑尼亚 1000 先令上的基维拉煤矿 /128
07. 赤道几内亚、加蓬、喀麦隆 2000 法郎上的毕科莫水电站 /131
08. 苏丹 100 镑上的水电站群
(麦洛维大坝、罗塞雷斯大坝、上阿特巴拉水利枢纽) /134
09. 老挝 5000 基普上的万荣水泥厂 /136
10. 老挝 20000 基普上的南累克水电站 /138
11. 老挝 2000 基普上的赛德二号水电站 /140
12. 佛得角 500 埃斯库多上的泡衣崂水坝 /142
13. 加纳 1 塞地上的阿科松博水电站维修改造 /144
14. 马达加斯加 10000 阿里亚里上的艾奥拉港区矿产开发 /146
15. 马拉维 500 克瓦查上的民生饮水工程 /148
16. 几内亚 20000 法郎上的凯乐塔水利枢纽 /150
17. 赞比亚 5 克瓦查上的卡里巴水电站北岸 /152
18. 津巴布韦 5 元和 100 元上的卡里巴水电站南岸 /154
19. 斯里兰卡 100 卢比上的普特拉姆燃煤电站 /157
20. 吉尔吉斯斯坦 100 索姆上的托克托古尔水电站维修改造 /159
21. 肯尼亚 50 先令上的清洁能源电站 /161
22. 埃及 50 皮阿斯特和 1 埃及镑上的沙漠光伏发电项目 /163
23. 白俄罗斯 20 卢布纪念银币上的中白巨石工业园 /165

伍 文化科技促发展 /167

01. 韩国 10000 韩元上的中国古代发明浑天仪 /169
02. 越南 2000 盾上的南定纺织厂 /171
03. 几内亚 500 西里上的大会堂 /173
04. 肯尼亚 20 先令上的莫伊国际体育中心 /175
05. 加纳 1 塞地、50 塞地和 10000 塞地上的独立广场 /178
06. 加纳 20000 塞地上的国家大剧院 /181
07. 缅甸 20 缅元上的仰光人民公园 /183
08. 苏丹 500 镑上的喀土穆炼油厂 /185
09. 马拉维 100 克瓦查上的布兰泰医学院 /187
10. 塔吉克斯坦 200 索莫尼上的国家图书馆 /189
11. 马拉维 2000 克瓦查上的科技大学 /191
12. 马拉维 20 克瓦查上的多瓦迪教师培训学院 /193
13. 马达加斯加 20000 阿里亚里上的袁隆平杂交水稻 /195
14. 阿尔及利亚 500 第纳尔上的首颗通信卫星 /197
15. 苏丹 5 镑和 20 镑上的卫星通信 /199
16. 新加坡 20 新加坡元上的华侨领袖陈嘉庚 /202
17. 埃及 50 皮阿斯特和 1 埃及镑上的沙漠农业种植 /205

陆 “一国两制”看港澳 /207

01. 中国香港特别行政区 500 港元上的国际机场 /209
02. 中国香港特别行政区 1000 港元上的国际会展中心 /211
03. 中国澳门特别行政区 50 澳门元上的西湾大桥 /213
04. 中国澳门特别行政区 500 澳门元上的旅游塔 /216
05. 中国澳门特别行政区 20 澳门元上的国际机场 /218
06. 中国澳门特别行政区 20 澳门元上的港珠澳大桥 /220

后记 /223

本书所示货币图案均系作者收藏实物图。

壹

架桥筑路蹚坦途

JIAQIAO ZHULU TANG TANTU

BANK OF JAMAICA
BANQUE CENTRALE DU CONGO
CINQUANTENAIRE DE L'INDEPENDANCE 1960-2010
MIA TANO
NKAMA ITANU
NKAMA MITANO
NKAMA TANU
R.D.C
Crossing
CENTRAL BANK OF SRI LANKA
ONE THOUSAND RUPEES
193 099559
2010-01-01
70 716609
조선민주주의인민공화국
중앙은행
70
(1949-2019)
1950

01 朝鲜 50 朝元上的平壤大同江铁桥

纸币尺寸：192mm × 90mm
1 朝鲜元 ≈ 0.0071 元人民币

朝鲜 50 朝元正面（图样，非原尺寸）

朝鲜 50 朝元背面（图样，非原尺寸）

2018 年朝鲜发行抗美援朝胜利 65 周年纪念币

朝鲜民主主义人民共和国位于亚洲东部，朝鲜半岛北部。北部与中国为邻，东北与俄罗斯接壤，南部与韩国相连。朝鲜半岛三面环海，东为日本海（包括东朝鲜湾），西南为黄海（包括西朝鲜湾）。

人口约 2500 万（2020 年 3 月），面积为 12.27 万平方公里。1949 年 10 月 6 日与中国建交。

朝鲜半岛曾经遭受日本军国主义长期统治。20 世纪 40 年代末，在朝鲜人民的领袖金日成领导下建立了朝鲜民主主义人民共和国。但是还没有来得及进行“旧貌换新颜”的社会主义和平建设，1950 年 6 月 25 日，朝鲜内战爆发。美国做出了武装干涉朝鲜内政的决定。10 月，美军不顾中国政府的一再警告，悍然越过三八线，把战火烧到中朝边境的鸭绿江边，美军飞机多次轰炸中国东北边境地区，给中国的安全造成严重威胁。

毛泽东于 1949 年 10 月 1 日在天安门升起五星红旗，向世界庄严宣告中华人民共和国成立。当时中国正是百废待兴、百业待举之际，面对美国侵略者把战火烧到中国家门口的危急时刻，应朝鲜党和政府请求，中国共产党和政府以非凡的气魄和胆略做出抗美援朝、保家卫国的历史性决策。

1950 年 10 月至 1953 年 7 月，中国人民志愿军与朝鲜人民并肩作战，在苏联的支援下，在中美两国国力相差巨大、交战双方力量极其悬殊的条件下，克服了极为艰难的物质条件和极端的恶劣自然环境，最终战胜了美国及其盟友组织的“联合国军”，迫使侵略者在朝鲜板门店签订了停战协议书。

1958 年秋，中国人民志愿军陆续全部撤回国内。也就是说，两年 9 个月的浴血奋战后，中国人民志愿军又帮助朝鲜人民进行了 5 年的城市恢复建设。

战火平息时，首都平壤几乎被美国空军的炸弹夷为平地，满目疮痍，是名副其实的废墟。大同江桥的修复列为首都平壤第一期建设计划中的关键性工程。中国人民志愿军工程兵第 12 支队的指战员们把重建平壤当成自己的神圣使命。无论是在炎炎烈日下抢运器材，还是在刺骨冰寒中打捞钢材，他们用豪迈的气概宣誓："用战斗给人类带来和平，用劳动给朝鲜带来幸福！"

志愿军工程兵们先用 2 个多月的时间架设起 500 多米长的便桥，然后在 1953 年 12 月的冰天雪地里开始了大桥的修复。所有的工程兵们个个都顶着逼人的寒气，脸庞和手背被冻得通红，破开冰层，潜下桥底勘察桥基损害程度。工程兵们下水后上岸喝几口辣椒水暖和一下身体再投入工地建设。在没有起重机的帮助下用 7 个月时间修复起了一座新的大同江铁桥。

在抗美援朝战争和后来的战后恢复重建中，朝鲜军民与志愿军情同手足，互相支援，气氛融洽而温馨。

1954 年 6 月 17 日大同江铁桥修复通车。这枚 1959 年版的 50

中朝建交70周年纪念钞（图样，非原尺寸）

朝元的纸币正面，印着的大同江桥，是当时朝鲜首都的地标景观。朝鲜币制几经改革，这枚纸币早已经退出流通，在国际收藏市场上也难见其貌，而这座桥梁至今仍然是朝鲜的亮丽名片。

修复大同江铁桥后，志愿军还帮助朝鲜人民重建4000多座铁路桥梁，修复被破坏的水库8座，并新建了一批水利灌溉大型工程，帮助朝鲜恢复农业灌溉，还帮助建起大量医院、学校、办公大楼等。

目睹这8年时光的朝鲜人民，曾经动情地说过：朝鲜哪个山头，没有志愿军的鲜血？朝鲜哪块土地没有志愿军的汗水？朝鲜哪条道路没有志愿军的脚印？

这枚纸币是中华人民共和国成立后对外提供经济和军事援助，第一次被印在外国纸币上的项目。抗美援朝战争，拼来了山河无恙，家国安宁，让世界对中国刮目相看，充分展示出中国人民维护世界和平的决心、意志和能力！

2020年10月，北京中国人民革命军事博物馆举办“铭记伟大胜利，捍卫和平正义——纪念中国人民志愿军抗美援朝出国作战70周年”主题展览中，陈列着大同江铁桥修复工程施工图原件和朝鲜交通省赠给志愿军修桥部队的锦旗原件。

02 越南 50 盾上的援越抗美交通运输线

纸币尺寸：155mm × 77mm
1 越南盾 ≈ 0.00028 元人民币

越南 50 盾正面（图样，非原尺寸）

越南 50 盾背面（图样，非原尺寸）

越南社会主义共和国位于中南半岛东部，北与中国接壤，西与老挝、柬埔寨交界，东面和南面临南海。人口约9620万（2019年），面积有33万余平方公里。1950年1月18日与中国建交。

1950年，越南胡志明主席向中国提出援助请求，自此中国在外交、军事、经济等方面给予越南持续几十年的全面援助。

这枚纸币是中国帮助代印的。越南曾派出七名实习生专赴北京541厂学习印钞技术。纸币正反面图案反映了越南军民抗击美国侵略者入侵越南时的真实国情。毛泽东主席曾经对越南同志说：“七亿中国人民是越南人民的坚强后盾，辽阔的中国国土是越南人民的可靠后方。”在中国人民的全力支持下，越南终于取得了抗击美国侵略者的胜利！

03 马达加斯加 1000 阿里亚里上的四号国道

纸币尺寸：129mm × 69mm
1 马达加斯加阿里亚里 ≈ 0.0017 元人民币
（马达加斯加货币单位是五进制）

马达加斯加 1000 阿里亚里背面（图样，非原尺寸）

马达加斯加 1000 阿里亚里正面（图样，非原尺寸）

马达加斯加共和国是位于印度洋西部的非洲岛国，隔着莫桑比克海峡与非洲大陆相望。全岛由火山岩构成，是非洲第一、世界第四大岛屿，旅游资源非常丰富。人口有2770万（2020年），面积有59万余平方公里。1972年11月6日与中国建交。

四号国道是首都塔那那利佛通往西海岸马任加港口的重要干线，全长500余公里。由于公路原标准低，路况差，严重影响了国家经济的发展。在世界银行的支持下，马国政府决定分期分段重修这条道路。该工程沿线4月至10月气候炎热干旱，滴水不降。11月至次年3月飓风暴雨，白昼无常。路线附近缺乏筑路修桥使用的砂石材料，工程需要的近10万立方米的规格碎石，均要从远处自采加工。而路线所经

地形和工程特点，特别是旧路双向加宽，机械很难发挥作用，碎石基层和沥青混凝土路面各项技术指标标准要求都很高。整个工程工期排得很紧。马国政府邀请 BCEOM 公司（法国海外工程设计公司）工程师任总监理负责工程监理工作。

河北省交通厅公路工程局在 11 个国家 17 家公司的激烈竞争中胜出，于 1987 年 3 月 25 日提前两个月胜利完成主体工程，成为马达加斯加外国承包公司第一个按期完成的项目。马国公共工程部部长维克托 · 拉马哈特拉先生在两次视察工地后连连赞扬中国工程技术人员，赞扬工程质量。世界银行代表若兹 · 布隆弗芒先生参观工程时跷起大拇指，兴奋地说："中国朋友修的路真好，谢谢你们！"

后来，马达加斯加政府又通过议标给中国施工单位增加了新的路面工程。马达加斯加的二号国道和四号国道都留下了中国公路建设者的足迹。

04 泰国 20 泰铢上的拉玛八世大桥

纸币尺寸：138mm × 71mm
1 泰铢 ≈ 0.205 元人民币

泰国 20 泰铢背面（图样，非原尺寸）

泰国 20 泰铢正面（图样，非原尺寸）

泰王国位于中南半岛中部，北部与西部和缅甸、安达曼海接壤，东北边是老挝，东南是柬埔寨，南边狭长的半岛与马来西亚相连。人口有 6900 万（2021 年 3 月），面积有 51 万余平方公里。1975 年 7 月 1 日与中国建交。

2003 年 3 月发行的 20 泰铢纸币背面图案是拉玛八世国王阿南塔 · 玛希敦和拉玛八世大桥。这座大桥是泰国国王倡导的项目，是中国建筑工程总公司 1998 年在中国境外承建的第一座斜拉桥工程，凝聚着中国建筑工程总公司与多国合作的成果。该桥由加拿大布克兰部—泰勒公司负责主桥设计，中国建筑工程总公司负责施工，瑞士公司 BBR 系统负责大桥拉索的供货及安装，曼谷 PPD 建筑公司负责引桥设计，来自伦敦的罗纳德 · 余建筑师事务所担任工程监理，斯科特 · 威尔森泰国公司提供设计管理及现场服务。

2002 年 9 月正式建成通车。桥梁通车时，泰国普密蓬 · 阿杜德国王亲自主持启用仪式，并且向中国建筑工程总公司颁发了金质纪念奖。

大桥主塔为人字形，高 175 米，全长 2480 米，钢筋混凝土结构，主路桥面宽 29.3 米，双向四车道，设计车速 60 千米 / 小时。

05 刚果民主共和国 500 法郎上的金苏卡大桥

纸币尺寸：151mm × 70mm
1 刚果法郎 ≈ 0.0032 元人民币

刚果民主共和国 500 法郎背面（图样，非原尺寸）

刚果民主共和国 500 法郎正面（图样，非原尺寸）

刚果民主共和国，简称刚果（金），地处非洲中部，东邻乌干达、卢旺达、布隆迪、坦桑尼亚，南接赞比亚、安哥拉，北连南苏丹和中非共和国，西隔刚果河与刚果（布）相望。西部有狭长走廊通大西洋。海岸线长 37 公里，人口有 8960 万（2017 年），面积有 234 万余平方公里。1961 年 2 月与中国建立外交关系。其后，因为与中国台湾地区有所谓的“外交关系”，中国政府决定撤回使馆，两国外交关系暂时中止。1964 年，改国名为刚果民主共和国。1971 年 10 月 27 日，再改国名为扎伊尔共和国。1972 年 11 月 24 日，中扎两国实现关系正常化，恢复外交关系，1997 年恢复国名为刚果民主共和国。

这枚刚果民主共和国成立 50 周年发行的纪念钞正反面都是与中国合作的项目图案。纸币背面印着的这座桥梁的起点在刚果（金）首都郊区的金苏卡，被命名为“金苏卡大桥”。又因为这条道路的全称以刚果（金）独立日命名为“6 · 30”大道。整条大道处于刚果（金）首都金沙萨的政治、经济活动中心，对于该国具有极其重要的象征意义。

负责该工程施工的是中铁七局集团第三工程有限公司。2008 年 8 月 28 日开工。为了保证刚果（金）独立 50 周年庆典活动的如期举行，中铁七局三公司克服资金不足、资源稀缺、物资供应不畅、雨季影响正常施工等诸多困难，安全质量卡控到位，施工技术精益求精，提前完工并一次性达到了验收标准，确保了 2010 年 6 月 30 日刚果（金）独立日阅兵仪式如期举行。在项目施工中，刚果（金）总统卡比拉多次亲临施工现场视察，赞叹施工进展快，质量好，对中国施工队伍留下深刻印象。

刚果（金）政府还特别邀请中铁七局组成一个方队，参加刚果（金）独立日阅兵仪式。

当中国车辆方队缓缓经过国庆检阅台时，主席台就座的联合国秘书长潘基文、中国国家主席胡锦涛特使、法国总统、卢旺达总统、比利时王室成员等在内的几十个国家要员以及刚果（金）各级重要官员对这支唯一的外国受检阅游行队伍报以响亮的喝彩声和掌声。

06 斯里兰卡 1000 卢比上的 Ramboda Pass 隧道

纸币规格：148mm × 67mm

1 斯里兰卡卢比 ≈ 0.032 元人民币

斯里兰卡 1000 卢比背面（图样，非原尺寸）

斯里兰卡 1000 卢比正面（图样，非原尺寸）

斯里兰卡民主社会主义共和国位于南亚次大陆南端，西北隔保克海峡与印度半岛相望。人口有 2167 万（2018 年），面积达 65610 平方公里。1957 年 2 月 7 日与中国建交。

2010 年元旦，斯里兰卡发行的 1000 卢比，正面图案是中国港湾集团总公司、中铁五局集团有限公司两家单位联合援建的斯里兰卡首座高等级公路隧道——Ramboda Pass 隧道。背景的图案是隧道建成前的石墙，位于斯里兰卡斯基里亚世界文化遗产狮子岩。

这条隧道全长 235 米，处于当地一风景区，设计时该工程与既有公路平行，现场交通密集，游人很多，隧道出洞口的下方 50 米处有一座高级宾馆；距洞口约 100 米处还有一座小镇，给安全施工带来很大的干扰。该隧道地下水丰富，离出口约 70 米处是风化严重的沙泥土质段，其他的地段则为岩层呈水平状分布的岩石地段，离既有公路近，上覆层薄，土质段有较大渗水，自稳能力差；硬岩地段，为防止爆破振动对边坡岩石造成影响，危及既有公路行车及宾馆的安全，必须严格控制爆破进尺及炸药用量，确保安全施工。

中国公司员工唯天下至诚，尽人之性，尽物之性，善于团结当地工人，发扬勇挑重担、顽强拼搏的精神，认真完成好施工过程中每一道工序，安全保证了隧道如期全面贯通。

07 孟加拉国 70 塔卡上的帕德玛大桥

纸币尺寸：138mm × 61mm
1 孟加拉塔卡 ≈ 0.075 元人民币

孟加拉国 70 塔卡背面（图样，非原尺寸）

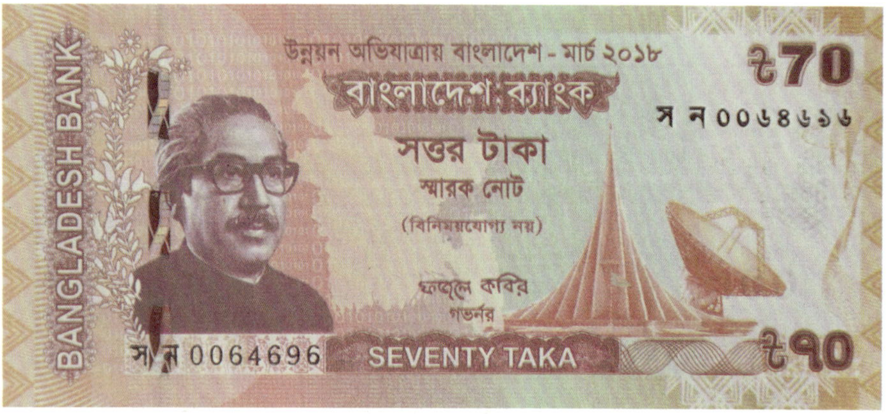

孟加拉国 70 塔卡正面（图样，非原尺寸）

孟加拉人民共和国位于孟加拉湾之北，东南山区一小部分与缅甸为邻，东、西、北三面与印度毗连。

人口有 1.6 亿（2021 年 2 月），是世界人口大国之一。面积为 14.75 万平方公里。

1975 年 10 月 4 日与中国建交。

孟加拉国大部分地区属亚热带季风型气候，湿热多雨，是一个耕地面积非常广大的国家，平原占全国土地面积的 85%，也是世界上河流最稠密的国家之一。水道纵横，河运发达，河流和湖泊约占全国面积的 10%。

印在这枚纪念钞上的帕德玛大桥位于首都达卡偏西南方向约 40 公里处，横跨帕德玛河（恒河），距印度洋入海口直线距离约 150 公里。帕德玛河一直以来是孟加拉国南北物流通道上的天然屏障，该河的河床泥沙松软，桥桩附着力差，给桥梁的设计和施工带来巨大困难。

由美国一家公司牵头设计，中国中铁大桥局集团有限公司于 2014 年 6 月中标帕德玛大桥主桥工程。2015 年 12 月承建施工，承担大桥项目主体的施工详图设计和勘测，一举刷新了当时中国企业在海外承建的最大规模桥梁工程和世界最大河道整治项目记录。这座大桥是连接中国与东南亚泛亚铁路重要通道之一，建成后的这座公铁两用大桥，采用双层钢桁梁结构，上层为四车道公路，下层是单线铁路，并预留了承载天然气及光缆等其他设备的管道线路，使首都达卡和南部 21 个区的居民告别了渡船往来的生活，被当地居民称为“梦想之桥”。

08 牙买加 5000 元上的南北高速公路

纸币尺寸：145mm × 68mm
1 牙买加元 ≈ 0.043 元人民币

牙买加 5000 元背面（图样，非原尺寸）

牙买加 5000 元正面（图样，非原尺寸）

牙买加是加勒比海西北部的岛屿国家。东隔牙买加海峡，与海地相望，北距古巴约 145 公里，是仅次于古巴及海地的加勒比第三大岛。人口有 296.9 万（2020 年），国土面积 10991 平方公里。1972 年 11 月 21 日与中国建交。

牙买加人民长期以来期望建设一条穿越南北的高速公路，使首都金斯敦与旅游城市奥桥里奥斯之间实现快速通达，并且把它纳入了国家基础设施建设和振兴经济发展的长期规划。

但是在 20 世纪末，这个项目 (HWY2000) 启动后，原投资建设的欧洲某公司开工不久就遇到长达数公里的滑坡地质段，受施工技术能力限制和工程预算的制约，该公司丢弃项目一走了之，使项目变成了“半拉子”工程。

2012 年，中国交通建设股份有限公司、中国港湾工程有限责任公司共同接手了这个烫手的“烂山芋”，以 BOT 形式（建设—经营—转让），全额投资南北高速公路项目。

2016 年 2 月 4 日，在牙买加南北高速公路通车典礼上，牙买加总理辛普森·米勒出席并为道路开通剪彩时，感慨地评价牙买加历史上最大规模的基础建设项目，是中国政府和人民完成的，他们为牙买加社会经济发展做出了贡献。尤其感谢该工程为牙买加创造了 2000 多个就业岗位，并且带动了牙买加旅游、住房、酒店、商业等相关产业的发展。

09 摩洛哥 20 迪拉姆上的穆罕默德六世桥

纸币尺寸：130mm × 70mm
1 摩洛哥迪拉姆 ≈ 0.72 元人民币

摩洛哥 20 迪拉姆正面
（图样，非原尺寸）

摩洛哥 20 迪拉姆背面（图样，非原尺寸）

摩洛哥王国位于非洲西北端，东接阿尔及利亚，南部为撒哈拉沙漠，西濒浩瀚的大西洋，北隔直布罗陀海峡与西班牙相望，扼地中海入大西洋的门户。

人口有 3621 万（2021 年），面积为 45.9 万平方公里（不包括西撒哈拉 26.6 万平方公里），1958 年 11 月 1 日与中国建交。

2019 年 9 月，摩洛哥国家银行为纪念国王穆罕默德登基 20 周年，首次发行 Polymer 塑料钞。纪念钞的正面是穆罕默德国王像，背面是中铁大桥局有限公司（后简称中铁大桥局）承建的穆罕默德六世桥。

这座摩洛哥第一桥横跨首都拉巴特和北部沿海城市萨莱之间的布里格里格河谷，全长 950 米，跨径 742 米，主桥台高约 200 米。大桥两侧共有斜拉索 160 根，平均长度 127 米。也是首都拉巴特绕城公路的重点控制性工程。大桥造型具有典型的阿拉伯建筑特点，主塔造型的设计灵感源自摩洛哥传统的拱形大门，在道路安全方面符合最严格的欧洲标准，成为摩洛哥地标之一。

中铁大桥局与法国伊吉斯设计院联合承担项目设计，由中铁大桥局采用中国标准施工。在建桥施工过程中还召开了两次国际桥梁论坛会议，为桥梁的设计、施工烙上了“中国智造”的元素。造桥过程中，中铁大桥局还为摩洛哥培养了一批本地的桥梁工程师和技术工人。

2016 年 7 月 7 日，建成正式通车时，国王穆罕默德六世亲自出席该桥的竣工通车剪彩仪式。

这枚纪念钞集成多项先进防伪设计，包含十多项安全功能，特别是微缩胶片和防扫描图案，还为视障人士提供了人性化的设计，即通过手摸切口边缘的 20 条带简便地识别面值。

10 英国 20 英镑上的苏格兰昆斯费里大桥

纸币尺寸：139mm×73mm
1 英镑≈ 9.06 元人民币

英国 20 英镑背面（图样，非原尺寸）

英国 20 英镑正面（图样，非原尺寸）

大不列颠及北爱尔兰联合王国，简称“英国”，是被北海、英吉利海峡、凯尔特海、爱尔兰海和大西洋包围的国家。东临北海，面对比利时、荷兰、德国、丹麦和挪威等国，西邻爱尔兰，横隔大西洋与美国、加拿大遥遥相对，北过大西洋可达冰岛，南穿英吉利海峡行 33 公里即为法国。

人口有6679.68万(2019年)。1954年6月17日与中国建立代办级外交关系，1972 年 3 月 13 日升级为大使级外交关系。本土面积有 24.4 万余平方公里。

2020 年 3 月，英国苏格兰银行为庆祝昆斯费里大桥通车而发行的纸币，是为纪念英国桥梁史上的重要工程而特别发行的新材料纪念钞。这是改革开放以后，第一次在世界发达国家货币上印“中国智造”大型工程项目。

苏格兰昆斯费里大桥坐落于爱丁堡附近的福斯海湾，是苏格兰交通部为缓解福斯公路大桥日益老化、通行能力减退，在原桥旁新建的一座三塔式斜拉索桥。该桥是苏格兰历史上最大的一项基础建设项目，也是上海振华重工(集团)股份有限公司参加世界竞标，获得承建美国旧金山—奥克兰海湾大桥、挪威哈当戈尔钢桥、丹麦钢桥项目后，交付欧美钢桥市场的又一重要项目。尤其是在美国旧金山—奥克兰海湾大桥的建设工程中，振华重工以克服世界钢结构难题的核心竞争力获得世界桥梁界的口碑后，又在昆斯费里大桥项目中按照英国标准，采用欧标建造，全部通过英国皇家认可委员会认证的大型桥梁项目。

该项目于 2012 年 9 月开工，历时 3 年半完成所有钢结构制作。

2017 年 9 月 4 日英国女王伊丽莎白二世亲自出席大桥通车剪彩仪式。

11 印度尼西亚 75000 卢比上的雅万高铁

纸币尺寸：152mm × 65mm
1 印度尼西亚卢比 ≈ 0.00045 元人民币

印度尼西亚 75000 卢比正面（图样，非原尺寸）

印度尼西亚 75000 卢比背面（图样，非原尺寸）

印度尼西亚位于亚洲东南部，地跨赤道，与巴布亚新几内亚、东帝汶、马来西亚接壤，与泰国、新加坡、菲律宾、澳大利亚等国隔海相望。地跨赤道（12°S~7°N），其70%以上领地位于南半球，是世界上最大的群岛国家，由太平洋和印度洋之间约17508个大小岛屿组成。人口有2.68亿（2021年2月）。国土面积约191万平方公里。海岸线总长54716公里。1950年与中国建交。

70年间，双边关系取得长足发展，特别是近年来两国关系定位不断提升，合作领域不断拓展，共建“一带一路”成果丰硕。

2020年8月17日，印度尼西亚央行为纪念独立75周年发行的纪念钞正面图案中下方位置印着雅万高铁项目，它是2015年10月16日由印度尼西亚维卡公司牵头的印尼国企联合体与中国铁路总公司牵头的中国企业联合体，正式签署组建中国印度尼西亚合资公司协议后启动的印度尼西亚国家重大基础建设项目之一，是由印度尼西亚首都雅加达到第四大城市万隆的高速铁路项目。该线路全长150公里，最高设计时速350公里，是国际上首个由政府搭台，两国企业对企业进行合作建设的高铁项目，是中国“一带一路”倡议与印度尼西亚海洋支点战略对接的重大项目，也是中国高铁全系统、全要素、全生产链整体走出去的“第一单”。项目设计和施工时，必须针对地震、火山多发，热带地区降水多等情况，解决泥石流、穿越原有的百年既有铁路线等各种施工难题，确保安全质量和施工周期有序推进。

2020 年上半年，虽然遭遇全球新冠肺炎疫情的影响，但是中国承建方克服疫情压力，与当地各有关部门认真落实防疫生产规定，不断强化安全防疫意识和防控措施，有序推进项目进行。

贰

港区新城助繁荣

GANGQU XINCHENG ZHU FANRONG

STATE BANK OF PAKIS
5
البنك المركزي الجيبوتي
١٠٠٠
2005
MILLE FR
SERONT PUNIS DE VINGT
Bank Centrali ta' Malta
REVOLUCIÓN ENERGÉTICA
10
PESOS CONVERTIBLES
10
10
EWG LIRI
٤٠
البنك المركزي الجيبوتي
QUARANTE FRANC

01 毛里塔尼亚 2000 乌吉亚上的努瓦克肖特港区

纸币尺寸：146mm × 70mm
1 毛里塔尼亚乌吉亚 ≈ 0.018 元人民币

毛里塔尼亚 2000 乌吉亚背面（图样，非原尺寸）

毛里塔尼亚 2000 乌吉亚正面（图样，非原尺寸）

毛里塔尼亚伊斯兰共和国，简称毛里塔尼亚，位于非洲西北部，西濒大西洋海岸线 660 多公里。北与西撒哈拉和阿尔及利亚接壤，东南与马里为邻，南与塞内加尔相望。人口有 460 万（2020 年），面积约 103 万平方公里。1965 年 7 月 19 日与中国建交。

首都努瓦克肖特港是非洲大陆西北部新开辟的重要门户，是毛里塔尼亚最大的出海口。20 世纪 70 年代中国援助毛里塔尼亚建设单突堤半掩护港口一号、二号、三号码头，是当时中国援助非洲项目坦赞铁路之后的第二大工程。工程交付使用后便成为毛里塔尼亚的国家重要基础设施，这个深水港承担着毛里塔尼亚 90% 以上的货物进口卸载任务，对毛里塔尼亚的主权维护和社会经济发展起到了不可或缺的作用。一至三号码头也被毛里塔尼亚称为“友谊港”。

2009 年 9 月，中国路桥工程有限责任公司又承建该港口四号、五号泊位的扩建工程，项目于 2014 年 7 月竣工交付使用。

02 马耳他 10 里拉上的 30 万吨干船坞

纸币尺寸：152mm × 79mm（1979 年版）
152mm × 72mm（1986 年版）
1 马耳他里拉 ≈ 16.38 元人民币

马耳他 10 里拉背面（图样，非原尺寸）

马耳他 10 里拉正面（图样，非原尺寸）

马耳他共和国，简称马耳他。位于南欧地中海中心的岛国，由马耳他岛、戈佐岛、科米诺、康米诺托和费尔夫拉岛五个小岛组成，海岸线长 190 多公里，有“地中海心脏”之称，首都为瓦莱塔，毗邻意大利，突尼斯以东 284 公里、利比亚以北 333 公里，是欧非重要的中转站。人口约 51.5 万（2019 年），面积达 316 平方公里。1964 年 9 月 21 日正式宣布独立，为英联邦成员国。1974 年正式成立马耳他共和国。1972 年 1 月 31 日与中国建交。

位于首都瓦莱塔与比尔古、森格莱阿和科斯皮夸三座古城之间有马耳他最大的天然良港——大港，港区海岸线长 15.56 公里。1975 年至 1980 年间，应马耳他政府要求，中国港湾工程有限责任公司先后派出 800 多名工程技术人员，在大港建造世界上巨型的 30 万吨级干船坞，整个船坞长 360 米、宽 62 米、深 12 米，挖去 70 余万立方米石头，浇筑 10 万余立方米混凝土。上海港机厂为坞场定制三台高 92 米，能够吊装 150 吨的大型起重机。如此规模的船坞当时在中国国内还没有建设，是中国对外援建的首座大型干船坞。建成后促进了马耳他经济的发展，使马耳他服务地中海沿岸国家的能力得以大大提升，至今被当地誉为“红色中国坞”。

（马耳他独立前使用英镑，独立后使用马耳他里拉，2008 年加入欧元区后，使用欧元。原来使用的马耳他里拉曾经是世界流通价值较高的货币。现已停用。）

马耳他 10 里拉背面（图样，非原尺寸）

马耳他 10 里拉正面（图样，非原尺寸）

03 马耳他 2 里拉上的首都大港

纸币尺寸：139mm × 67mm

1 马耳他里拉 ≈ 16.38 元人民币

马耳他 2 里拉背面（图样，非原尺寸）

马耳他 2 里拉正面（图样，非原尺寸）

马耳他被誉为地中海中的一颗璀璨的明珠，而为这颗明珠绘彩添色的无疑是位于首都瓦莱塔的大港。它不仅是马耳他经济繁荣和发展的重要支柱，而且是20世纪70年代以来中国与马耳他真诚友好合作关系发展的象征。

大港是马耳他的天然深水良港，可停靠万吨货轮，港湾沿线长15.56公里。大港内最大的干船坞，是当时中国援建海外港口最大的工程之一，在地中海亦屈指可数。

在20世纪70年代中期，马耳他发展经济正处于关键时期，急需投资建设一些重要建设项目时，遇到严重的资金困难，而向一些有钱大国借贷又十分困难时，中国政府在自身不宽裕的情况下，伸出慷慨的援助之手，帮助马耳他克服了困难，促进这个岛国在地中海经济发展中发挥了不可替代的重要作用。几十年来，马耳他人民总是说，这是“中国给马耳他送来的聚宝盆”。

04 安哥拉 200 宽扎上的罗安达港区

纸币尺寸：158mm × 68mm
1 安哥拉宽扎 ≈ 0.00996 元人民币

安哥拉 200 宽扎背面（图样，非原尺寸）

安哥拉 200 宽扎正面（图样，非原尺寸）

安哥拉共和国位于非洲西南部，首都罗安达，西滨大西洋，北及东北邻刚果民主共和国，南邻纳米比亚，东南邻赞比亚，另有一块外飞地卡宾达省与刚果共和国、刚果民主共和国相邻。人口有 3180 万（2019 年），面积有 124 万余平方公里。1983 年 1 月 12 日与中国建交。

安哥拉虽接近赤道，但由于地势高耸，又有大西洋寒流的影响，平均气温为 22 摄氏度，有“春天国度”的美称。首都罗安达，凭借得天独厚的地理位置、气候条件曾被誉为“非洲小巴黎”。

2004 年中国交通建设股份有限公司积极响应安哥拉政府“三网一化”（高速铁路网、高速公路网、区域航空网、工业化）的号召进入安哥拉市场，以“中国路桥”“中国港湾”两个品牌在安哥拉投资开发。投资和建设在安哥拉首都的罗安达海滨大道以及周边的建筑群，已经成为当地著名的风景区，为当地创造了几千个就业岗位。

根据中非合作论坛北京峰会确定的产业促进、设施联通、贸易便利、绿色发展、能力建设、健康卫生、人文交流、和平安全等八项行动，给安哥拉和中国企业携手共进创造了更多的发展新机遇。

05 古巴 10 比索（外汇兑换券）上的长城皮卡汽车

纸币尺寸：151mm × 69mm
1 古巴土比索 ≈ 0.248 元人民币

古巴 10 比索背面（图样，非原尺寸）

古巴 10 比索正面（图样，非原尺寸）

古巴共和国，位于加勒比海西北部，东与海地相望，南距牙买加 140 公里，北离美国佛罗里达半岛顶端 217 公里，是由 1600 多座岛屿组成的北美洲岛国，海岸线长约 6000 公里。人口约 1147.2 万 (2020 年)，面积有 10.9 万余平方公里 。1960 年 9 月 28 日与中国建交，是西半球第一个升起五星红旗的拉美国家。

古巴曾经是西方列强的殖民地。1898 年被美国占领。

1959 年，古巴卡斯特罗率领青年和学生历经多年的武装斗争推翻了由美国扶植的巴蒂斯塔独裁政权，建立古巴新政府。新政府成立后即宣布断绝旧政府与中国台湾地区的旧有往来，与中国建立外交关系。由于美国长期对古巴采取全面封锁，又因为古巴长期实行计划经济体制，使古巴经济遭遇前所未有的困难。

中国积极为古巴提供援助，援助项目包括纺织、化纤、养鱼、土壤改良、蔬菜和水果种植，以及文艺、体育教练和厨师等人才培训。特别传为佳话的是，中国大中城市 60 岁以上的老年人几乎都记得当时古巴砂糖和中国大米之间的“互补”贸易，在两国间书写了互助友谊。

1993 年，时任国家主席江泽民访问古巴；2011 年 6 月和 2014 年 7 月，习近平先后 2 次到访古巴并探望卡斯特罗，称赞卡斯特罗是中古关系的缔造者，深受古巴人民爱戴，也赢得中国人民的尊敬。

20 世纪 90 年代中期，古巴逐步打开国门，这枚外汇兑换券是古巴改革开放的金融新面孔。外汇兑换券上印着的长城迪尔皮卡汽车，是中国长城汽车推出时间最早，市场保有量最大，出口数量最多的皮卡车型。

2008 年，出口古巴 4500 辆皮卡，创造了中国车企出口数量最大、金额最高的出口记录。也是当时中国单笔最高的国际贸易合同。

06 摩洛哥 200 迪拉姆上的丹吉尔港区

纸币尺寸：151mm × 69mm
1 摩洛哥迪拉姆 ≈ 0.72 元人民币

摩洛哥 200 迪拉姆背面（图样，非原尺寸）

摩洛哥 200 迪拉姆正面（图样，非原尺寸）

丹吉尔—地中海港区项目是摩洛哥国王穆罕默德六世亲政后启动的第一个大型基础设施项目，也是摩洛哥积极应对经济全球化挑战，保持本国经济可持续发展的重大战略决策。2003年2月17日穆罕默德六世国王亲赴北部这个重要海港，宣布启动丹吉尔深水港建设项目。经过4年工期，2007年开始逐步投入使用，并且又在2019年完成二期扩建工程。

上海振华重工（集团）股份有限公司为该港口配置了先进的远程控制船到岸起重机，以及自动化卡车大门系统，STS起重机自动化系统，配置光学字符识别（OCR）系统，还为港区配建远程起重机操作员的办公大楼。应摩洛哥政府要求，振华重工还接受摩方一批技术人员在中国接受数月的专门技术培训，确保港区先进设备在摩洛哥的安全运营。

丹吉尔港总经理丹尼斯·奥列森（Dennis Olesen）表示：“我们的目标就是利用成熟的技术，为我们的客户创造更高的生产力。”

07 巴基斯坦 5 卢比上的瓜达尔深水港

纸币尺寸：115mm × 65mm
1 巴基斯坦卢比 ≈ 0.041 元人民币

巴基斯坦 5 卢比背面（图样，非原尺寸）

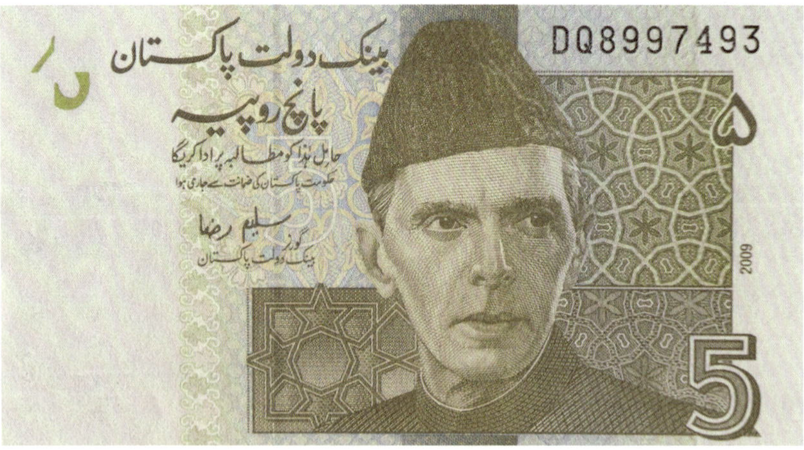

巴基斯坦 5 卢比正面（图样，非原尺寸）

巴基斯坦伊斯兰共和国位于南亚次大陆西北部，南濒阿拉伯海，东、北、西三面分别与印度、中国、阿富汗和伊朗为邻。人口有 2.08 亿（2021 年 3 月），面积达 79.6 万平方公里（不包括巴控克什米尔地区），1951 年 5 月 21 日与中国建交。

中巴建交60周年纪念硬币正面　　中巴建交60周年纪念硬币背面

这枚5卢比纸币的背面，是欣欣向荣的现代化港口，由中国港湾工程有限责任公司承建的瓜达尔深水港。它位于巴基斯坦俾路支省瓜达尔市，是巴基斯坦通往波斯湾和阿拉伯海的大门，战略位置极其重要。中国政府应巴基斯坦时任总统穆沙拉夫的请求为该港口建设提供资金和技术援助。于2002年3月开工兴建，2008年启用。2013年1月，巴基斯坦政府将瓜达尔港的营运管理权移交给中国公司，并且决定在巴基斯坦建立首个经济特区。2016年11月，巴基斯坦中资港口瓜达尔港正式开航。

中资企业在港区道路、堆场，装卸设备，供油、海水淡化和污水处理，港区监控系统等多方面，不断新增添最先进的码头设备，使瓜达尔港口可处理散货、集装箱、滚装货物、石油液化气等各种业务，已经具备全作业能力。

瓜达尔港的特殊重要地理位置串起了与中国新疆喀什联成的中巴经济走廊，全长3000

2009 年巴基斯坦发行庆祝中华人民共和国成立 60 周年纪念币

庆祝中华人民共和国成立 60 周年纪念邮封

公里，北接“丝绸之路经济带”，南连“21 世纪海上丝绸之路”，是贯通南北丝路关键枢纽，也是受世界瞩目的一个热点。由该港口沿中巴经济走廊相继建设的机场、铁路、公路、能源等一大批基础设施项目为巴基斯坦的经济发展，促进就业注入源源不断的活力。

在两国老一代领导人的精心培育下，两国友好关系不断发展，我们亲切地称巴基斯坦为“巴铁”。中国与巴基斯坦建立的全天候战略合作伙伴关系，指的是无论国际局势如何变化，无论巴基斯坦国内局势如何变化，中巴之间的友谊不变。

巴基斯坦国家中央银行曾经在 2009 年为庆祝中华人民共和国成立 60 周年，在 2011 年为纪念中巴建交 60 周年，在 2015 年为中巴友好交流年分别发行过流通纪念币。

两国素有互帮互助的优良传统。汶川地震时，巴基斯坦全部

战略储备帐篷倾囊捐出；巴基斯坦遭遇特大洪水时，中国派出历史上最大规模的医疗救援队；也门动乱时，巴基斯坦派军舰撤侨，铿锵立誓“只要中国留学生不到，我们的军舰就不离港”；在巴基斯坦小学课本上写着“中国是巴基斯坦的坚定盟友”……

2020 年 2 月中国武汉发生新冠肺炎疫情后，巴方第一时间发声向中方表达支持，全力支持中方抗击疫情；中国也像对待本国公民一样，周到照顾好在华的巴基斯坦兄弟姐妹。

长期的历史证明，中巴两国是患难与共的真朋友、同甘共苦的好兄弟。

08 吉布提 40 法郎和 1000 法郎上的中国保障基地

纸币尺寸：154mm × 70mm （1000 法郎）
　　　　　152mm × 69mm （40 法郎纪念钞）
1 吉布提法郎 ≈ 0.0359 元人民币

吉布提 1000 法郎背面（图样，非原尺寸）

吉布提 1000 法郎正面（图样，非原尺寸）

吉布提共和国地处非洲东北部亚丁湾西岸，扼红海进入印度洋的要冲曼德海峡，东南同索马里接壤，北与厄立特里亚为邻，西南及南部与埃塞俄比亚毗连，人口约 100 万（2021 年），面积达 2.32 万平方公里。1979 年 1 月 8 日与中国建交。

因其独特的地理位置，作为“海上咽喉”之称的曼德海峡成为国际石油航运的生命线。交通运输业和港口服务业，在吉布提国家经济中占主导地位。

吉布提 40 法郎背面（图样，非原尺寸）

吉布提 40 法郎正面（图样，非原尺寸）

但是由于多种复杂的历史因素造成了索马里、亚丁湾海域海盗活动的日益猖獗，国际航海安全的客观需要也使吉布提的战略地位日益凸显。

2008 年 6 月 2 日联合国安理会通过 1816 号决议，授权包括中国在内的 20 多个国家和国际组织，派遣军舰进入索马里海域，按照《联合国宪章》第七章的规定授权打击海盗，在亚丁湾海域为商船护航。而位于亚丁湾西端的吉布提，凭借其拥有众多天然良港的优势，成为各国海军首选的停靠补给点。

长期以来，吉布提在国际事务中奉行中立、不结盟，睦邻友好的外交政策，国内政局始终保持相对稳定，也成为吉布提能够吸引越来越多国家在其领土上建立军事基地的一个重要原因。

中国派护航编队赴亚丁湾、索马里海域开展护航行动，执行任务过程中，官兵休整和食品以及油料补给面临许多实际困难，吉布提政府多次为中国护航舰队提供后勤保障。后经中吉两国政府友好协商做出决定，中国军队在吉布提建设保障基地。这是中华人民共和国成立后，中国军队首次在海外建立保障基地。

该基地建成后，有利于中方更好地履行在亚丁湾和索马里海域护航以及开展人道主义救援等国际义务，也有利于带动吉布提经济社会发展，有利于中方为维护非洲和世界的和平与稳定做出新的更大贡献。2010 年该港口曾经作为中国海军“和平方舟”医院船首次赴海外执行“和谐使命—2010”任务的第一站。当地 2719 人次接受了诊疗，2588 人次接受了辅助检查。2015 年 4 月，中国首次动用武装军舰从国外撤侨，搭载巴基斯坦等 10 个国家在也门的 225 名侨民安全撤到吉布提港口。

吉布提因港口而兴起，成为非洲之角最重要的出海口。上海振华重工（集团）股份有限公司为吉布提港口配备了大型港口设备，极大提升了船舶作业效率。吉布提港口累计缴纳税费成为吉政府重要的税收来源。特别是在吉布提建国 40 周年的纪念钞上印着港口全景和上海振华重工的设备雄姿，可见该国家对港口兴国的高度重视。

又据联合国安理会公布的有关数据显示，近年来，在世界多国的共同协力下，索马里海盗的危害情况明显减少。

09 刚果民主共和国 500 法郎上的马塔迪港区

纸币尺寸：151mm × 70mm
1 刚果（金）法郎 ≈ 0.0032 元人民币

刚果民主共和国 500 法郎正面（图样，非原尺寸）

刚果民主共和国 500 法郎背面（图样，非原尺寸）

马塔迪港是刚果民主共和国最大的港口。2008 年中铁七局集团第三工程公司开始在该港口的建设项目，受到刚果（金）总统卡比拉的高度重视，他作为中铁七局的老朋友，曾经十多次亲临工地现场视察，给中国施工单位带来很大的鼓舞。

中铁七局在建设港口一期、二期工程的同时，还建设了配套办公大楼、海关查验区、港区堆场、进出港闸口、变电站等设施，使此港的物流效率得到大大提升。

10 柬埔寨 1000 瑞尔上的西哈努克港区

纸币尺寸：138mm × 63mm
1 柬埔寨瑞尔 ≈ 0.00157 元人民币

柬埔寨 1000 瑞尔背面（图样，非原尺寸）

柬埔寨 1000 瑞尔正面（图样，非原尺寸）

柬埔寨诺罗敦·西哈努克国王是中国人民的老朋友，他长期致力于中柬友好事业，20世纪50年代后，尽管历经国内国际形势风云变幻，但中柬两国始终相互尊重、相互支持，友好合作关系得到不断巩固和发展。

以西哈努克国王名字命名的这个港区，是柬埔寨的集装箱现代化商港。该港向世界公开招标港口设备时，上海振华重工（集团）股份有限公司以自有品牌ZPMC设备先进的技术实力及其优良的服务能力，一举获得了用户青睐。这个项目也是振华重工第91次向世界港口提供港机设备和配套服务。

由江苏太湖柬埔寨国际经济合作区投资有限公司与柬埔寨国际投资开发集团有限公司共同开发建设的国家级经贸合作区——西哈努克港经济特区成为“一带一路”上的标志性项目，得到了中柬两国领导人的高度肯定。

2016年10月，习近平主席出访柬埔寨期间，在署名文章中特别指出“蓬勃发展的西哈努克港经济特区是中柬务实合作的样板”。西哈努克港口建设带动了经济发展，促进了其他国家相继投资发展经济特区，对促进当地的就业起到了积极作用。

11 斯里兰卡 20 卢比上的科伦坡港口城

纸币尺寸：138mm × 63mm
1 斯里兰卡卢比 ≈ 0.032 元人民币

斯里兰卡 20 卢比背面
（图样，非原尺寸）

斯里兰卡 20 卢比正面（图样，非原尺寸）

科伦坡港是世界最大的人工港之一，是斯里兰卡的第一大港。其作为世界性的港口已经有 400 多年的历史了。它也是连接欧亚、太平洋、印度洋的世界航线的重要途中港之一。中国交通建设集团有限公司在斯里兰卡有着 20 多年的深耕经历，给当地留下深刻的信誉口碑和质量烙印。

中国交通建设集团有限公司投资建设运营的科伦坡港口城是斯里兰卡历史上外商投资单体规模最大的项目，也是中斯两国共建“一带一路”的合作典范，在助力科伦坡打造时尚都市的同时，吸引更多国际高端人才和游客，为当地民众带来约 8.3 万个就业岗位。科伦坡港口城也是中国企业首次在海外投资的集填海造地、土地开发、基建配套、城市运营于一体的大型城市综合体开发项目。

在整个项目开发和运营过程中，斯里兰卡政府和中国援建方企业数次遭遇国际上不和谐的单边压力，中斯合作双方秉持共商共建共享，深化务实合作，携手应对风险和挑战，在民心相通的蓝图下，实现了同生共荣的和谐发展。

2020 年 2 月，中国武汉发生新冠肺炎疫情后，斯里兰卡政府和各界人士在第一时间里纷纷向中国表示衷心慰问和坚定支持，2 月 5 日晚，斯里兰卡总理马欣达 · 拉贾帕克萨率领多名内阁部长、议员和自发前来的近千名各界民众，共同为中国人民抗击新型冠状病毒疫情诵经、祈福。同日傍晚，斯里兰卡议长卡鲁 · 贾亚苏里亚为中方抗击疫情提供了个人捐款，并再次表达对中国人民的坚定支持。

2 月 6 日下午，斯里兰卡新任总统戈塔巴雅 · 拉贾帕克萨约见中国驻斯里兰卡大使，代表斯里兰卡政府和人民向中国抗击疫情捐赠首批锡兰红茶。

叁

地标建筑传友情

DIBIAO JIANZHU CHUAN YOUQING

REPÚBLICA DE MOÇ
BANK OF ZAMBIA
K20
REPÚBLICA DE MOÇ
100000
L357378267
بنك السودان
مائة دينار
HG5042011
بنك السودان
عشرة دينارات
بنك السودان
خمسمائة دينار
RK09275325
K09275325
بنك السودان
840629
MH68781231
بنك السودان
ألف دينار

01 苏丹纸币上的民族友谊宫

纸币尺寸：155mm × 69mm
1 苏丹镑≈ 0.0149 元人民币

苏丹 10 镑背面（图样，非原尺寸）

苏丹 10 镑正面（图样，非原尺寸）

苏丹共和国位于非洲东北部，红海西岸。北邻埃及，西接利比亚、乍得、中非，南毗南苏丹，东接埃塞俄比亚、厄立特里亚。东北濒临红海，是位于尼罗河流域历史悠久的、非洲国土面积第三大国。人口约 4435 万（2020 年），面积达 188 万平方公里，1959 年 2 月 4 日与中国建交。

苏丹 5 镑正面（图样，非原尺寸）

苏丹 10 镑正面（图样，非原尺寸）

苏丹 25 镑正面（图样，非原尺寸）

苏丹 50 镑正面（图样，非原尺寸）

苏丹 100 镑正面（图样，非原尺寸）

苏丹 200 镑正面（图样，非原尺寸）

苏丹 500 镑正面（图样，非原尺寸）

苏丹 1000 镑正面（图样，非原尺寸）

苏丹 2000 镑正面（图样，非原尺寸）

苏丹 5000 镑正面（图样，非原尺寸）

20 世纪 60 年代，周恩来总理的非洲十国历史性访问，开启了中国与苏丹两国间友谊的序篇。自 1970 年始，中国国内尚为温饱而打拼的时代，中国政府排除万难，向苏丹友人张开深情的臂膀，在公路、桥梁、医院、学校、粮食、药品、机械、技术等各领域提供援助，数以百计的援助项目在苏丹落地生根。在长期的援助建设中，还有一批中国援外工程技术人员长眠在苏丹。距首都 120 公里小镇上的援苏中国专家公墓园内，每逢清明时节，络绎不绝的祭奠人群都会深情无言地缅怀无私奉献的先辈们。

民族友谊宫项目于 1972 年 2 月立项，1973 年 1 月正式动工，1976 年 5 月交付使用，是中国对苏丹援建的最早项目之一，由上海建工集团股份有限公司承担施工任务。后又应苏方要求，再续建新国际会议厅等项目。建成近半个世纪来，中方多次助苏丹维修保养该建筑。

长期以来，中国坚持和平共处五项原则，坚持不干涉别国内政原则，尊重苏丹人民自主的决定。无论苏丹币制如何变革，无论币值大小如何变化，印在国家货币上面的友谊宫图案，始终见证着苏丹与中国的情感共鸣。

真诚祝愿苏丹人民在稳定和谐的发展环境中，生活更加美好。

02 赞比亚 20 克瓦查上的政府办公楼

纸币尺寸：148mm×73mm（1989 年版）
140mm×69mm（1992 年版）
1 赞比亚克瓦查（新版）≈0.2836 元人民币

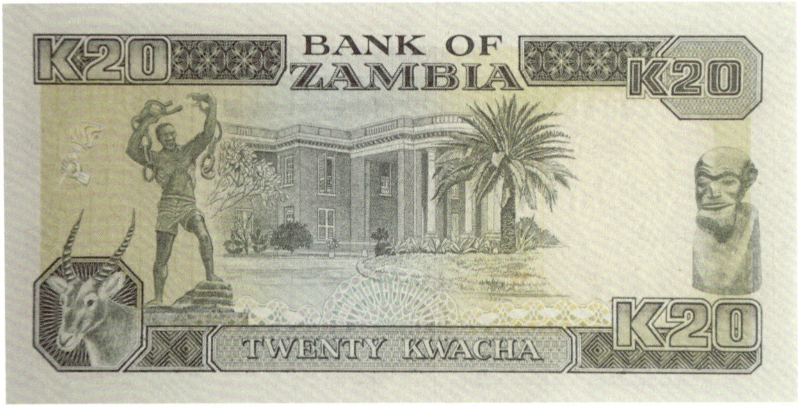

赞比亚 20 克瓦查背面（1989 年版）（图样，非原尺寸）

赞比亚 20 克瓦查正面（1989 年版）（图样，非原尺寸）

赞比亚共和国是非洲中南部的内陆国家，大部分属于高原地区。北靠刚果民主共和国，东北邻坦桑尼亚，东面和马拉维接壤，东南和莫桑比克相连，南接津巴布韦、博茨瓦纳和纳米比亚，西面与安哥拉相邻。铜矿资源较为丰富，别称为“铜矿之国”。人口约 1840 万（2020 年），面积有 75.26 余万平方公里。1964 年独立，1964 年 10 月 29 日与中国建交。

赞比亚 20 克瓦查背面（1992 年版）（图样，非原尺寸）

赞比亚 20 克瓦查正面（1992 年版）（图样，非原尺寸）

作为当时世界上的第三大铜矿产地，因为没有出海口，使得铜矿贸易大受限制。因此，赞比亚与邻国坦桑尼亚都希望通过建设铁路来实现经济发展目标。而在寻求世界银行和欧洲多国协助均告失败后，赞比亚和坦桑尼亚的领导人都把目光转向中国。中国党和政府把支持非洲人民争取和维护民族独立、发展民族经济的正义事业当作中国人民应尽的国际主义义务和中国人民自己的事业来看待。站在当时国际社会的最前列，承诺援建东起坦桑尼亚的达累斯萨拉姆，西至赞比亚中部的卡皮里姆波希，全长 1860.5 公里的坦赞铁路。

该工程 1968 年 5 月 15 日开始勘察，1970 年 10 月 26 日开工建设，1976 年 7 月 23 日正式投入运行，交由坦桑尼亚和赞比亚两国组成的铁路局共管。

在整个施工过程中，中国先后派遣工程人员 5.6 万人次，

投入物资、机械83万吨，提供无息贷款9.88亿元人民币。坦赞铁路建设费用占当时中国对非援助总额的1/3以上，有几十名中国建设者为建设这个中国最大的援外成套项目长眠在非洲大地。该项目由中国土木工程集团有限公司的前身铁道部援外办公室代表我国政府组织、设计及建造。周恩来总理在生命的最后时刻，仍然牵挂着坦赞铁路的施工进度。

印在纸币上的首都卢萨卡的政府办公楼，是当时建设坦赞铁路项目时，由中国提供技术援助建设的。历经40年后，上海建工集团股份有限公司承担再改扩建的任务，于2011年8月底交付赞比亚政府使用。

03 莫桑比克 50000 梅蒂卡尔和 100000 梅蒂卡尔上的银行大楼

纸币尺寸：157mm×69mm（50000 梅蒂卡尔）
　　　　　164mm×69mm（100000 梅蒂卡尔）
1 梅蒂卡尔≈ 0.1028 元人民币

莫桑比克 50000 梅蒂卡尔正面（图样，非原尺寸）

莫桑比克 50000 梅蒂卡尔背面（图样，非原尺寸）

莫桑比克 100000 梅蒂卡尔正面（图样，非原尺寸）

莫桑比克 100000 梅蒂卡尔背面（图样，非原尺寸）

莫桑比克共和国位于非洲东南部。南邻南非、斯威士兰，西接津巴布韦、赞比亚、马拉维，北接坦桑尼亚，东濒印度洋，隔莫桑比克海峡与马达加斯加相望。人口约 3040 万（2019 年），面积 79.9 万平方公里。1975 年 6 月 25 日与中国建交。

在莫桑比克独立前，这栋大楼已经完成主体工程，但是因为种种原因被搁置，成了“烂尾楼”。

中国甘肃海外工程总公司在 20 世纪 80 年代进入莫桑比克市场后，主动参与国际招标竞争，获得世界银行贷款后，一举获得莫桑比克市场“第一单”。在保留该建筑主体框架的基础上，对该楼内外进行脱胎换骨的修缮。把昔日的“烂尾楼”改造成多功能会议厅，落地玻璃大窗户，客货分置的电梯，空调系统，安全监控，自动喷淋消防以及舒适的办公家具和内外协调的色彩涂装，与毗邻的毛泽东大街组合成首都亮丽的倩景打卡点。

在项目进行过程中，某国原设计方坚持软木等建筑材料要从距离莫桑比克 10000 多公里的葡萄牙进货，中国建筑方发现距离 300 多公里外的南非约翰内斯堡能够提供所有的材料，而且价格便宜，为了维护莫桑比克的权益，中国建筑施工方反复与设计方“掰手腕”交涉，据理力争，让莫桑比克方面对中国施工企业为人处世公道、真善美的内心世界有了直观的认识。

04 佛得角 2500 埃斯库多上的议会大楼

纸币尺寸：150mm × 67mm
1 埃斯库多 ≈ 0.0351 元人民币

佛得角 2500 埃斯库多背面（图样，非原尺寸）

佛得角 2500 埃斯库多正面（图样，非原尺寸）

佛得角共和国位于北大西洋的佛得角群岛上，东距非洲大陆最西点佛得角（塞内加尔境内）500 多公里，扼欧洲与南美、南非间交通要冲，包括圣安唐、圣尼古拉、萨尔、博阿维什塔、福古、圣地亚哥等 15 个大小岛屿，分北面的向风群岛和南面的背风群岛两组。因为地处欧洲、美洲、非洲、亚洲的交通要道，是连接四大洲的海上中心，素有“海上十字路口”之称。人口约 54.6 万（2020 年），面积为 4000 余平方公里，1976 年 4 月 25 日与中国建交。

佛得角议会大楼是中佛建交后中国首个重大援建项目。1982 年 12 月开工，1985 年 6 月建成并移交佛方使用，在佛得角政治、社会和文化生活中发挥着不可替代的重要作用，是见证佛中友谊的标志性建筑。

该大楼使用 30 年后，北京建工集团有限责任公司又承接了该大楼的维修项目，进一步提升和改善了该大楼的现代化设施功能，也体现了中国对援建项目的责任、担当、信义所在。

05 瓦努阿图 200 瓦图和 500 瓦图上的议会楼

纸币尺寸：135mm × 68mm （200 瓦图）
135mm × 65mm（500 瓦图）
1 瓦努阿图瓦图 ≈ 0.059 元人民币

瓦努阿图 200 瓦图背面（图样，非原尺寸）

瓦努阿图 200 瓦图正面（图样，非原尺寸）

瓦努阿图 500 瓦图普通流通币正面（图样，非原尺寸）

瓦努阿图 500 瓦图普通流通币背面（图样，非原尺寸）

瓦努阿图 500 瓦图维拉港 10 届太平洋迷你运动会纪念钞（图样，非原尺寸）

瓦努阿图 500 瓦图流通币与第 10 届太平洋运动会纪念钞背面一致，都是中国建造的议会楼。

瓦努阿图共和国，位于南太平洋西部，属美拉尼西亚群岛，由 83 个岛屿（其中 68 个岛屿有人居住）组成。人口约 31 万（2019 年），陆地面积 1.22 万平方公里，海洋专属经济区面积 68 万平方公里，1982 年 3 月 26 日与中国建交。

200 瓦图纸币背面，左面是传统的国会会议场景，中间是家庭生活雕塑群竖立在新议会楼前。

500 瓦图纸币背面，中间是议会楼图案。

议会楼，是当地人习惯的地标位置，其实并非严格意义上的高楼大厦，仅是一栋双层建筑。之所以成为地标，不因其高大，而在于其独特的艺术风格。由中国援建，1990 年破土，1991 年 11 月竣工。采用瓦努阿图传统的屋顶及脊檩形式，将传统美拉尼西亚艺术风格与现代建筑理念完美结合。雄踞维拉港高地，俯瞰碧蓝海湾，正所谓“山不在高，有仙则灵”。以其气魄之宏大，设计之精巧，确立了在瓦努阿图民众心目中的崇高地位。

学生可以自由进出，并免费使用楼内的图书馆。在图书馆最醒目位置，还摆放着一尊由中国全国人大常委会捐赠的大座钟。议会大楼作为中国援瓦努阿图最大项目，和中国其他援外项目一样，完全是无偿的，不附带任何政治条件，建筑以其独特的建筑美学，诠释着中、瓦两国人民共同而朴素的价值观——各美其美，美人之美，美美与共，天下大同。

06 加纳 2 塞地上的恩克鲁玛陵园

纸币尺寸：139mm × 67mm
1 加纳塞地≈ 1.0985 元人民币

加纳 2 塞地正面（图样，非原尺寸）

加纳 2 塞地背面（图样，非原尺寸）

加纳共和国位于非洲西部、几内亚湾北岸，西邻科特迪瓦，北接布基纳法索，东毗多哥，南濒大西洋，海岸线长约562公里。人口约3028万（2019年），面积23.8万余平方公里。1960年7月5日与中国建交，后因同中国台湾地区建立所谓的“外交关系”，而单方面断绝与中国的外交关系，1972年2月29日恢复与中国外交关系。

中国与加纳两国间的友谊是周恩来总理与加纳恩克鲁玛总统亲手缔造的。双方之间有着特殊深厚的情谊，但是也经受过世界风雨的严峻考验，成为中非国家领导人交往史上广为流传的佳话。

纸币的正面是加纳开国领袖恩克鲁玛（1909—1972）的纪念陵园，是中国华陇建筑有限公司1989年5月至1991年3月完成的工程项目。

恩克鲁玛是非洲民族解放运动的先驱，深受非洲人民尊敬。1957年3月6日，加纳宣布独立，成为第

二次世界大战后非洲第一个获得独立的国家，恩克鲁玛出任总理，后当选为加纳共和国首任总统。他顶住西方压力使加纳于1960年7月5日同中国建交。翌年9月他访华时，周恩来总理亲自陪同他赴杭州会见毛泽东主席。恩克鲁玛曾向周恩来提出访非洲时，一定要首先访问加纳，周恩来欣然允诺，计划1964年1月前往访加。但就在周恩来访加前9天，加纳国内局势发生变化，恩克鲁玛一家和助手为了安全，不得不暂时离开总统府搬进海边的一座城堡。周恩来听到上述消息后，与陈毅等一起商议，提出仍按原计划赴加纳访问。他说："我们不能因为人家遇到暂时的困难就取消访问，这个时候去才能体现我们是真正的友好，真正患难的友情。"考虑到总统的安全，周恩来指派副外长黄镇先去加纳，主动提出从简安排礼宾程序，恩克鲁玛很受感动。周恩来当面转交了毛泽东致恩克鲁玛的慰问信，并同恩克鲁克玛举行了三次会谈。恩克鲁玛在会谈中表示，周恩来的这次访问，是历来外国领导人对加纳的访问中最重要的一次，称赞说："中国是加纳在反帝反殖斗争中最可靠的朋友。"1966年2月24日，恩克鲁玛在访问越南后顺道访华。当天，加纳国内发生了推翻恩克鲁玛政府的军事政变。当恩克鲁玛座机在北京降落前，中方已获悉上述消息。周恩来总理在机场同刘少奇主席紧急商量，果断决定暂不发此消息，仍按总统身份接待恩克鲁玛，有关的一切礼宾安排均按原计划进行，刘少奇主席照常举行欢迎宴会。当各项日程结束恩克鲁玛返抵钓鱼台国宾馆后，周恩来才让参加接待的原中国驻加纳大使黄华到恩克鲁玛下榻的房间，告诉他加纳发生政变的情况，并把外电有关报道交给恩克鲁玛，帮助他全面了解情况。恩克鲁玛深为感激，敬佩周恩来是一位重友谊重感情，主持正义的真朋友。

20世纪80年代末，加纳政府决定在首都阿克拉靠海边的老城区建立国家民族英雄的纪念陵园，并且把工程项目交给中国华陇建筑有限公司承建，也体现着加纳政府对中国的信任和托付。

华陇公司在对文物陈列室一组大型浮雕墙的设计和制作时，专门邀请加纳多位艺术大师共同策划制作。采用当时比较现代的雕塑手法，结合加纳传统文化精华，反映加纳人民争取独立、顽强奋斗的民族精神，大气磅礴，堪称一绝。但是当时要按照原型用混凝土复制表面做成水刷石，没有相关资料可以借鉴，而且浮雕体型巨大，技术要求很高，现场人员的体力消耗也很大。万一在制作过程中，出一点点瑕疵，就会导致前功尽弃，甲方怀疑华陇公司的制作能力，提出转请意大利方面承包。但是中方经理坚持中国制作，亲自动手，先做模拟试验，取得成功后，制定工艺流程，按比例放大设计出模具卡具，然后将浮雕原件合理分割成若干块标准块，做成混凝土阴模，再翻制出成品，最后按照编号把每块上吨重的浮雕拼装成墙。整个制作过程中，加纳政府派摄影机组全程跟踪拍摄。当这组最具加纳文化气息的浮雕墙在陵园亮相后，无论是政府首脑还是建设部门，对中国企业的技术能力和水平不约而同地表示肯定。

07 吉布提 2000 法郎上的总统府

纸币尺寸：161mm × 80mm
1 吉布提法郎 ≈ 0.0359 元人民币

吉布提 2000 法郎背面（图样，非原尺寸）

吉布提 2000 法郎正面（图样，非原尺寸）

1988年，中国湖北向吉布提派出一支援外医疗队。随队法语翻译是一位刚从武汉大学毕业的年轻人张健，这是他初踏非洲土地。后来这位武汉的法语翻译再随湖北省建筑工程总公司到吉布提，带领民企团队，一穷二白，一面与艰苦环境做抗争，一面以锲而不舍的“钉子”精神开发市场。深耕20多年后为吉布提留下了码头、银行、医院、住宅区、艺术宫、物流中心、天然气输送等一个又一个漂亮的工程，创造了一个又一个吉布提第一，成为吉布提最大的中资民营建筑公司，多次受到吉布提总统、总理的嘉奖。

这枚纸币上印着的总统府建筑，是中国湖北企业交出的大考答卷。该项目的设计、监理、验收单位都是法国、意大利的知名企业，整个建筑的桩基础、全钢结构、装修、强电、弱电、通风空调等施工，都要按照西方发达国家的最高标准进行。中国施工团队边依靠国内资源的支撑，边虚心尊重当地文化宗教习惯，细心调研，充分融入当地市场，边学习边探索，最终按照甲方要求顺利完工，交出一份漂亮的答卷，由此赢得吉布提总统和相关政府官员的交口称赞。

08 吉布提 5000 法郎和 10000 法郎上的国家银行大楼

纸币尺寸：167mm × 80mm（5000 法郎）
175mm × 80mm（10000 法郎）
1 吉布提法郎 ≈ 0.0359 元人民币

吉布提 5000 法郎正面（图样，非原尺寸）

吉布提 5000 法郎背面（图样，非原尺寸）

这两枚纸币上的国家银行建筑图案，寄寓着吉布提政府和非洲人民对中国援非团队几十年如一日地履行中国担当的深情敬意。

一批又一批中国援建队伍，接力棒式地扎根非洲几十年，将人生中最美好的年华、最沸腾的热血，都无私奉献给了中国的援非项目。非洲人民认识中国、结交中国，正是从一大批普普通通的中国援建人员身上开始的。

在吉布提开展项目，没有特殊的意志，常人难以想象的毅力和智慧，在激烈的国际赛场上是没有竞争力的。赢得吉布提政府信任的是中国团队承建的在吉布提的第一个重大援非项目——吉布提人民宫。接着在效率、质量、价格、信誉等优势面前，吉布提国家银行的建设项目自然而然地选中了中国团队。而此后接踵而至的国家医院项目、美国与法国驻吉布提军事基地项目、世界粮食组织东非物流中心工程项目、塔朱拉港口项目等一系列国际重大工程，都体现着吉布提政府对中国施工团队的信任。

中华人民共和国驻吉布提大使卓瑞生说：

“张健同志（时任湖北宝业建设投资有限公司总经理）在谋求企业做强做优的同时，不忘国家，讲政治、顾大局，做好事、做实事，为吉布提经济社会发展和中吉人民友好，做出了积极的贡献，受到吉布提政府的高度评价，被授予吉布提共和国骑士勋章。”

吉布提 10000 法郎背面（图样，非原尺寸）

吉布提 10000 法郎正面（图样，非原尺寸）

吉布提总理迪莱塔 · 穆罕默德 · 基莱塔（Dileita Mohamed Kileita）说：

“我们之所以授予张健先生骑士勋章，是因为他出色完成了所有的工程，无论是为公司还是为吉布提，都做出了巨大的贡献。”

吉布提工程部部长顾问 艾哈迈德 · 赫西（Ahmed Hersi）说：

“张健先生为共建‘一带一路’倡议在吉布提实施和中吉两国人民友好交流做出了巨大的贡献。吉富公司对吉布提做出的贡献将永载史册。”

09 塞拉利昂 5 利昂上的议会大楼

纸币尺寸：160mm × 73mm
1 塞拉利昂利昂 ≈ 0.000626 元人民币

塞拉利昂 5 利昂背面（图样，非原尺寸）

塞拉利昂 5 利昂正面（图样，非原尺寸）

塞拉利昂共和国，位于西非大西洋沿岸，北部及东部被几内亚包围，东南与利比里亚接壤，首都为弗里敦。人口约780万（2020年），面积达7.1万平方公里，1971年7月29日与中国建交。

印在这枚纸币上的塞拉利昂议会大楼早年是以色列设计的建筑。非洲统一组织会议曾经在此地召开。2001年时，塞拉利昂总统卡巴向江泽民主席提出，请求中国帮助修缮改扩建议会大楼的想法。经中国商务部公开招标后由威海国际经济技术合作股份有限公司承担施工任务，2004年完工交付塞拉利昂政府使用。

2010年根据塞拉利昂政府请求，中国政府再度提供无偿援助款项，由重庆国际经济技术合作公司提供成套援建项目，进一步改善了该楼内的办公条件。落成交接时塞拉利昂总统科罗马感言，称这是建交40年时，中国送给塞拉利昂的礼物。

10 几内亚比绍 100 比索上的人民宫

纸币尺寸：125mm × 63mm
1 西非法郎 ≈ 0.01 元人民币
（1997 年之后，比索改为法郎）

几内亚比绍 100 比索背面（图样，非原尺寸）

几内亚比绍 100 比索正面（图样，非原尺寸）

几内亚比绍共和国位于非洲西部，包括比热戈斯群岛等岛屿，曾为桑海帝国一部分，1973年9月24日宣告成立几内亚比绍共和国。北邻塞内加尔，东、南邻几内亚，西邻大西洋。海岸线长约300公里，人口约192万（2019年），国土面积达3.6万平方公里。

1974年3月15日与中国建交。1990年5月26日，几内亚比绍与中国台湾地区建立所谓“外交关系”，5月31日，中国宣布中止同几内亚比绍的外交关系。1998年4月23日，重新恢复外交关系。

印在纸币上的议会大楼，也称人民宫，是功能齐全、技术先进的现代化会议中心，建筑内外装饰美观典雅，总建筑面积为6316平方米。2005年3月23日由中国援建完工，并正式交付给几内亚比绍政府。当天，几内亚比绍总统罗萨、国民议会议长贝南特、总理戈梅斯、最高法院院长蒙特罗以及政府内阁成员、各政党和军队代表以及驻几内亚比绍的外交使节、国际组织代表和各界群众500多人参加了隆重的交接仪式。罗萨总统在仪式上高度评价两国友好合作关系，将这座建筑物称为“中国一几内亚比绍友谊的象征”。

11 缅甸 1000 缅元和 5000 缅元上的议会建筑群

纸币尺寸：150mm × 70mm
1 缅元 ≈ 0.0039 元人民币

缅甸 1000 缅元背面（图样，非原尺寸）

缅甸 1000 缅元正面（图样，非原尺寸）

缅甸联邦共和国的东北与中国云南、西藏接壤，西南临安达曼海，西北与印度和孟加拉国为邻，东南接泰国与老挝，首都为内比都。人口约 5458 万（2020 年 4 月），面积有 67 万余平方公里，1950 年 6 月 8 日与中国建交。

缅甸 5000 缅元背面（图样，非原尺寸）

缅甸 5000 缅元正面（图样，非原尺寸）

在缅语中，“胞波”为一母同胞的兄弟。中缅两国人民自古相亲相融，“胞波”情谊源远流长。2005 年 11 月，缅甸政府决定从仰光迁都至内比都。刚迁都之时，新都的基础设施尚未完善，在缺乏资金和建筑材料的情况下，中国援建了包括缅甸首都国际商业中心在内的一大批建设项目。

印在纸币上的这座建筑群，是世界上最大的议会建筑群，其内部装修工程由安徽阜阳市黄海木业有限公司承揽。内部装饰完美地展示了当地的文化传统和习俗风格。历时三年时间，提前完成了合同规定的工程建设任务，保证了缅甸议会按时召开，成为缅甸首都的地标性建筑。这项精美的内部装饰工程完成后，该中国企业又承担了缅甸总统府的内部装饰工程。

12 马拉维 200 克瓦查上的议会大楼

纸币尺寸：131mm × 66mm
1 马拉维克瓦查 ≈ 0.008 元人民币

马拉维 200 克瓦查背面（图样，非原尺寸）

马拉维 200 克瓦查正面（图样，非原尺寸）

马拉维共和国位于非洲东南部，地形狭长，北与坦桑尼亚接壤，东、南与莫桑比克交界，西与赞比亚为邻。人口有1760万（2019年），面积达11.8万平方公里。2007年12月28日与中国建交。

议会大楼是中马建交公报中确定的中国援建五大项目之一（五大项目是指：议会大楼，卡隆加至奇提帕公路，国际会议中心，马拉维科技大学，国家体育场），该项目原为马拉维政府自筹资金建设，分为2期。中马建交后，马政府向中方提出援建请求。由于原承包商已经完成近30%的土建工程，中方接手时面临许多困难，安徽外经建设（集团）有限公司派出工程技术人员，对项目进行了全面考察并重新优化了设计，于2009年2月开工，2010年5月落成，仅用了15个月。特别是马拉维一年中有近半年时间处在雨季，为了避免雨季耽误工期，工程师们仅用了5个月就完成了结构建设，实现了国家地标的诞生。马拉维共和国议会公共关系发言人称："没有中国，马拉维无法拥有这样的建筑。"

马拉维政府全体内阁成员、议员，以及赞比亚、莫桑比克、安哥拉等非洲多个国家的首脑和马拉维各界人士万余人出席议会大楼落成仪式。

13 汤加 50 潘加上的皇宫

纸币尺寸：150mm × 70mm
1 汤加潘加 ≈ 2.87 元人民币

汤加 50 潘加背面（图样，非原尺寸）

汤加 50 潘加正面（图样，非原尺寸）

汤加王国位于南太平洋西部，是由大洋洲173个岛屿组成的岛国，其中36个岛有人居住，大部分为珊瑚岛。

汤加西距斐济650公里，西南距新西兰1770公里，人口为10.8万（2017年）。首都努库阿洛法，位于最大岛汤加塔布岛。陆地面积747平方公里，海洋专属经济区面积70万平方公里。1998年11月2日与中国建交。

中国土木工程集团有限公司自2003年进入汤加进行援外建设，相继为汤加建成汤加中学、国家司法部大楼、国家会议厅、首都中央商务区等工程项目。以优质建筑工程的口碑获得当地人民的称赞，还为当地创造了许多就业岗位。

2010年1月，汤加国王图谱五世找到中国土木工程集团有限公司在汤加的项目部办公处，提出希望将皇宫进行改建，以改善皇宫办公和生活条件。项目部在仔细听取国王的意见后，在当年5月就开工实施皇宫改扩建工程，于2011年11月把亮丽一新的新皇宫交付给汤加国王。当项目部负责人陪同国王视察新皇宫时，国王连连跷大拇指夸奖致谢。

14 萨摩亚 50 塔拉上的政府办公大楼

纸币尺寸：141mm × 72mm
1 萨摩亚塔拉 ≈ 2.5371 人民币

萨摩亚 50 塔拉正面（图样，非原尺寸）

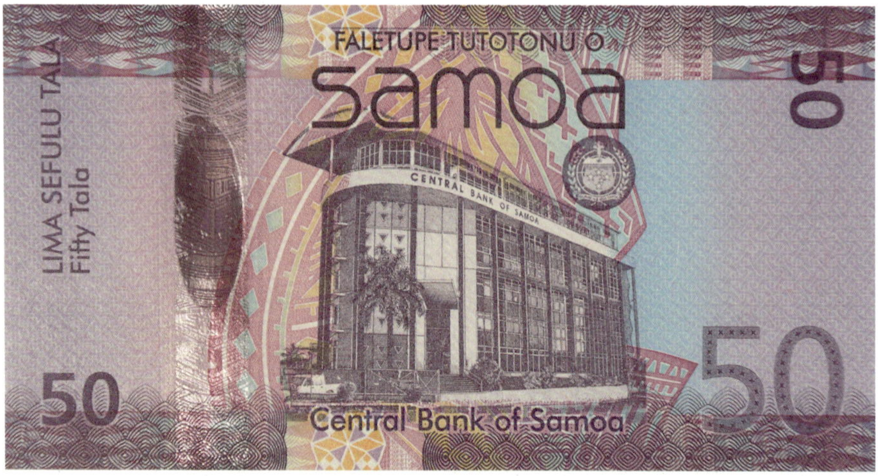

萨摩亚 50 塔拉背面（图样，非原尺寸）

萨摩亚独立国，原名西萨摩亚。位于太平洋南部，萨摩亚群岛西部，由乌波卢、萨瓦伊两个主岛和附近的马诺诺、阿波利马、努乌泰雷、努乌卢瓦、纳木瓦、法努瓦塔普、努乌萨菲埃、努乌洛帕等八个小岛组成。人口约 19.7 万（2017 年），陆地面积 2934 平方公里，海洋专属经济区面积 12 万平方公里。境内大部分地区为丛林所覆盖，属热带雨林气候。1962 年 1 月 1 日独立。为英联邦成员国。1997 年更名为萨摩亚独立国。1975 年 11 月 6 日与中国建交。

2008 年 9 月上海市人大常委会主任刘云耕和萨摩亚议长托洛富艾瓦莱莱共同为由中国政府提供优惠贷款、上海建工股份有限公司承建的这座政府大楼设计模型揭幕。2011 年 11 月 4 日举行竣工移交庆典时，萨摩亚元首、总理、首席大法官、议长、财政部长，以及诸多政府要员与各界代表共同出席了该活动。萨摩亚总理发表讲话时盛赞中国政府多年来在教育、医疗、农业、体育，以及重要基础设施领域对当地的大力支持。

15 肯尼亚 1000 先令上的国会大厦

纸币尺寸：143mm × 70mm
1 肯尼亚先令 ≈ 0.059 元人民币

肯尼亚 1000 先令背面（图样，非原尺寸）

肯尼亚 1000 先令正面（图样，非原尺寸）

肯尼亚共和国位于非洲东部，赤道横贯中部，东非大裂谷纵贯南北。东邻索马里，南接坦桑尼亚，西连乌干达，北与埃塞俄比亚、南苏丹交界，东南濒临印度洋，海岸线长 536 公里。人口约 4756.4 万（2019 年），面积达 58.26 万平方公里，1963 年 12 月 14 日与中国建交。肯尼亚是人类发源地之一，境内曾出土约 250 万年前的人类头骨化石。

中肯友好交往可追溯至唐代。明代郑和下西洋时曾到过肯尼亚的滨海城市蒙巴萨和马林迪。当地首领和使节也曾到访中国。自建交以来，中方为肯援建的主要项目有莫伊国际体育中心、沼气池、医院扩建工程、公路、桥梁及成套设备等。有中国江苏国际经济技术合作集团有限公司和中国成套设备进出口集团有限公司等 20 余家公司在肯尼亚开展双边合作业务。

这枚纸币图案上的国会大厦建筑是 2013 年 9 月中国江西国际经济技术合作有限公司在肯尼亚中标的一个较大的工程项目。项目占地 2000 平方米，总建筑面积约 48000 平方米。位于肯尼亚内罗毕市区，该项目交付使用后，成为当地热门的旅游地标景点。

16 科威特 5 第纳尔上的中央银行总部大楼

纸币尺寸：140mm × 68mm
1 科威特第纳尔 ≈ 21.28 元人民币

科威特 5 第纳尔正面（图样，非原尺寸）

科威特 5 第纳尔背面（图样，非原尺寸）

科威特国位于西亚地区阿拉伯半岛东北部、波斯湾西北部。南与沙特阿拉伯、北与伊拉克分别接壤。同伊朗隔海相望。海岸线长290公里。人口约477.6万(2021年2月),面积1.7万余平方公里。1971年3月22日与中国建交。

离科威特皇宫不远处，高240米的科威特中央银行新总部大楼是当地一座引人注目的地标性建筑，由中国建筑工程总公司承建。采用阿拉伯建筑风格中的几何形状为主要特征，远远望去形似一座金字塔。站在顶端全部用玻璃建造的观景平台，波斯湾的全景一览无余。

2008年4月该项目开工时，这栋大楼是科威特在建的最高建筑物。2015年11月，在迪拜荣获“2015年中东海湾地区年度项目奖”，2016年5月，荣获“2016年度房建项目科威特国最杰出建筑奖”。

科威特夏季炎热，干燥而漫长，6月—9月的气温常常超过50℃，春秋季则沙尘暴频繁发生。在这样的自然环境下施工可想而知有多么困难。尤其是炎热气候时混凝土凝结很快，为保证施工质量只能安排在晚上浇筑，并且还要同时加冰块，严格控制温度在30℃以内。施工管理人员即使在晚上值班，室外温度也有40℃，挑战着中国施工人员的体能极限。

10多年来，中国建筑股份有限公司依靠过硬的质量和信誉，获得科威特市场的认可。

17 加纳 2 塞地和 100 塞地上的议会大楼

纸币尺寸：139mm × 67mm（2 塞地）
157mm × 80mm（100 塞地）
1 加纳塞地 ≈ 1.0985 元人民币

加纳 2 塞地背面（图样，非原尺寸）

加纳 2 塞地正面（图样，非原尺寸）

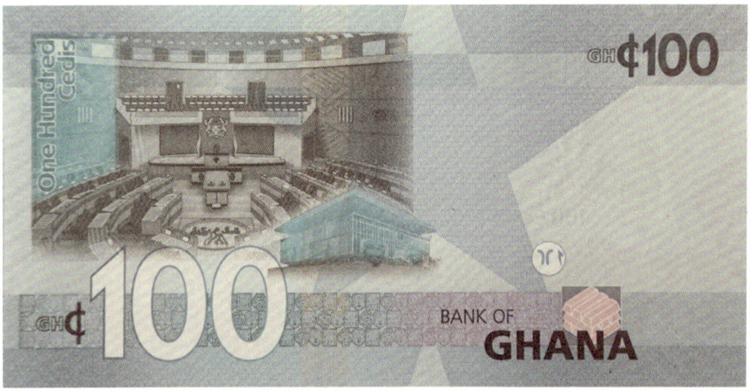

加纳 100 塞地背面（图样，非原尺寸）

加纳 100 塞地正面（图样，非原尺寸）

2 塞地和 100 塞地的背面是加纳议会大楼。原办公楼始建于 1960 年，被使用近半个世纪后这座办公楼需要维修和功能改善。加纳政府希望中国为其改扩建新的议会大楼。

由中国华陇建筑有限公司承建的这个项目，新建面积 2.19 万平方米，改建面积 3.6 万平方米。2010 年 4 月开工，2015 年 10 月竣工。中国建筑企业在施工中运用了多项中国建筑业新技术。

当大楼启用时，加纳总统德拉马尼 · 马哈马和议长阿加霍以及议员数百人出席启用仪式，高度赞扬中国企业出色的施工水准和建筑质量。

2018 年 9 月，加纳总统阿库福 · 阿多访华时，习近平主席专门提到两国老一代领导人毛泽东主席、周恩来总理、恩克鲁玛总统等共同缔造和培育了中加传统友好关系。阿库福 · 阿多总统强调表示，积极参与共建“一带一路”项目，为两国合作注入新的动力。

18 加纳 20 塞地上的最高法院办公楼

纸币尺寸：149mm × 73mm
1 加纳塞地 ≈ 1.0985 元人民币

加纳 20 塞地背面（图样，非原尺寸）

加纳 20 塞地正面（图样，非原尺寸）

2011 年 9 月中国华陇建筑有限公司开工承建加纳高等法院办公楼，2015 年 10 月交付使用时，加纳总统德拉马尼·马哈马、首席大法官乔治娜·伍德等亲自出席交工仪式并且在启用仪式上讲话，盛赞整体造型大气，表示加纳将永远是中国在非洲值得信赖的朋友。

华陇建筑有限公司在加纳 30 多年中，先后承担过国防部办公楼、医院、外交部办公楼、海岸角体育场、科研楼，沃尔特医科大学、中小学校、居民住宅楼、打井供水、电厂、钢厂、渔港、机场、清真寺等百多个中国援建合作项目。

19 阿尔及利亚 1000 第纳尔上的嘉玛清真寺

纸币尺寸：161mm × 71mm
1 阿尔及利亚第纳尔 ≈ 0.0478 元人民币

阿尔及利亚 1000 第纳尔正面（图样，非原尺寸）

阿尔及利亚 1000 第纳尔背面（图样，非原尺寸）

阿尔及利亚民主人民共和国位于非洲北部。北部濒临地中海，东邻利比亚、突尼斯，东南和南部分别与尼日尔、马里和毛里塔尼亚接壤，西与摩洛哥相连。人口约 4370 万（2020

年)，面积为238万余平方公里，1958年12月20日与中国建交，是非洲国土面积最大的国家。

阿尔及利亚是最先在联合国提出“两阿提案（与阿尔巴尼亚一起，联合非洲23个国家）”的国家之一。1971年10月25日的联合国大会第26届会议时，就阿尔巴尼亚、阿尔及利亚等国家联合提出“恢复中华人民共和国在联合国组织中的合法权利问题”进行表决时，大会以76票赞成、35票反对、17票弃权的结果，通过了“两阿提案”。毛泽东主席曾风趣地说过：“是非洲兄弟把我们抬进了联合国。”

2003年6月，胡锦涛主席在法国埃维昂出席南北领导人非正式对话会议时，阿尔及利亚总统布特弗利卡曾经动情地对胡锦涛主席说：“当年我们为独立而斗争的时候，大国当中只有中国支持过我们，我们的战士穿的衣服都是中国援助的，我们阿尔及利亚人永志不忘！”

而胡锦涛主席马上回答：“1971年，恢复中国在联合国的合法席位，你们是带头的！我们中国人永志不忘。”而1971年联合国大会就此问题辩论的时候，正是时任阿尔及利亚外长的布特弗利卡坐镇，熟悉历史的人都知道，中阿两国的友谊经历了半个多世纪的考验。

早在1963年，刚刚摆脱外国殖民主义者长达130多年的统治，赢得民族解放和国家独立的新生阿尔及利亚政府，弹痕累累、满目疮痍，西方医生撤走后医疗一片空白，阿尔及利亚政府通过国际红十字会向全世界发出了紧急呼吁。周恩来总理获悉后，在世界上第一个表态，向阿尔及利亚派遣了中国第一支援外医疗队。此时正是刚刚从“三年自然灾害”阴影下走出来的中国政府自身困难重重的时候。而周恩来的决定打开了中国与第三世界国家合作的新局面。由此，中国向缺医少药的国家和地区派遣医疗队的援助延续50多年，遍布世界五大洲70多个国家。

2011年10月，中国建筑工程总公司中标阿尔及利亚嘉玛清真寺项目。由于阿尔及利亚的北部沿海地区属地中海气候，冬季温和多雨，夏季炎热干燥，施工面临许多气候因素的困难外，还因为该项目位于地中海喜马拉雅地震带，对于建筑设计的抗震要求非常高。

项目占地面积超过 40 万平方米，是世界第三大清真寺。其中 265 米高的宣礼塔，是世界最高宣礼塔。这个超大建筑群还包括占地 2 万平方米的祈祷厅、藏书量丰富的图书馆、文化中心、《古兰经》研究院、停车场，以及管理中心、就餐区和数座花园等 12 座建筑组成的建筑群。

经过六年多的时间，一座可以抵御九级地震的非洲第一大清真寺骄傲地伫立于地中海湾畔。

这个建筑的成功交付使用，还见证着中国建筑团队与世界多国合作、携手联创的建筑奇迹。在六年多的建设过程中，中国建筑项目方需要同时与亚、非、欧、美四大洲，法语、德语、阿拉伯语、英语、汉语五种语言，八十多家项目参与的多国公司联手合作。仅各国语言、各地时差和区域文化差异就给中国项目执行团队带来巨大的挑战。有时为了讨论一个技术细节，竟然要多国语言的同步转换，耗去一整天的时间，才取得沟通的顺畅。国际合作需要中国智慧，在嘉玛清真寺项目中得到真真切切的检验。

大清真寺项目的业主方代表、项目总监穆萨表示："在阿尔及利亚，越是施工难度大、越是质量要求高、越是工期要求高的项目，越会想到中国建筑公司。"

20 埃及 50 皮阿斯特和 1 埃及镑上的首都新行政中心

硬币规格：直径 25 毫米　重 8.5 克（1 埃及镑）
　　　　　直径 23 毫米　重 6.5 克（50 皮阿斯特）
1 埃及镑≈ 0.4093 元人民币
1 埃及镑 =100 皮阿斯特

埃及 50 皮阿斯特反面

埃及 50 皮阿斯特正面

埃及 1 埃及镑反面

埃及 1 埃及镑正面

阿拉伯埃及共和国，简称“埃及”，位于非洲东北部，地处欧亚非三大洲的交通要冲，南接苏丹，西连利比亚，东临红海与巴勒斯坦、以色列接壤，北经地中海与欧洲隔海相通。

古埃及是世界四大文明古国之一，也是世界上最早的王国。人口约1亿（2020年3月），国土面积100万平方公里。1956年5月30日与中国建交，2014年12月中埃建立全面战略伙伴关系。

由中国建筑集团有限公司承建的埃及国家重点工程——新首都中央商务区（CBD）的项目，是中国高铁、中国大桥“走出去”后，又一张中国名片。2016年1月21日，中国建筑集团与埃及住房部在中国国家主席习近平和埃及总统塞西的共同见证下，签署了新行政首都建设一揽子框架协议，并签署埃及新行政首都CBD项目总承包合同。项目承包单位派出了中国最优秀的团队帮助埃及完成这个国家战略工程。

埃及是“一带一路”沿线的重要支点国家，该项目属于“一带一路”重点项目。2018年3月18日上午，埃及新行政首都中央商务区项目举行开工仪式，埃及总理谢里夫·伊斯梅尔和中国驻埃及大使宋爱国为项目奠基，谢里夫总理砌下了第一块代表项目正式启动的基石。新首都中央商务区（CBD）项目位于新首都一期核心区，总占地面积约50.5万平方米，包括1栋345米高的非洲第一高楼、12栋高层商业办公楼、5栋高层公寓楼和2栋高档酒店，共计20个高层建筑单体及配套市政工程，总建筑面积约170万平方米，是迄今为止中资企业在埃及市场上承接的最大单个项目。

21 巴布亚新几内亚2基那、5基那、100基那上的国家会议中心和独立大道

（巴布亚新几内亚的货币多以现代防伪新材料印制）

货币尺寸：142mm × 70mm（2基那普通流通钞）

140mm × 70mm（5基那普通流通钞）

140mm × 70mm（5基那国家独立35周年纪念钞）

151mm × 75mm（100基那普通流通钞）

1基那≈1.84元人民币

巴布亚新几内亚2基那正面（图样，非原尺寸）

巴布亚新几内亚2基那背面（图样，非原尺寸）

巴布亚新几内亚 5 基那正面（图样，非原尺寸）

巴布亚新几内亚 5 基那国家独立 35 周年纪念钞正面（图样，非原尺寸）

巴布亚新几内亚 100 基那正面（图样，非原尺寸）

巴布亚新几内亚独立国，是大洋洲面积第二大国，位于太平洋西南部。西与印度尼西亚的伊里安查亚省接壤，南隔托雷斯海峡与澳大利亚相望。有600余个大小岛屿组成。人口878万（2021年2月），国土面积46.28万平方公里，海洋专属经济区面积310万平方公里。1975年9月16日独立。1976年10月12日与中国建交。

巴布亚新几内亚的多枚流通钞和纪念钞正面印着国家议会大厦的图案，该大厦与远处的国际会议中心之间由一条现代化的宽阔道路——独立大道相连接。中国港湾工程有限责任公司和中国江西国际经济技术合作有限公司为建设巴布亚新几内亚的国际会议中心和独立大道等地标项目展现出的中国质量、中国速度，给巴布亚新几内亚政府和当地居民留下了深刻印象。

2012年，国际会议中心项目开工时，该项目是中国援助南太地区最大的项目。而“独立大道”则是该国家标准最高的公路，为此后举办的南太平洋运动会和2018年APEC会议提供了强有力的场所支持。

肆

工业基础添动力

GONGYE JICHU TIAN DONGLI

1000
BENKI KUU YA TANZANIA
100
BANKA E SHTETIT SHQIPT
AC 467580
D LEKË
50
ທະນາຄານແຫ່ງ ສປປລາວ
20000
ຊາວພັນກີບ
ທະນາຄານແຫ່ງ ສປປລາວ
983875
ຫ້າພັນກີບ
5000
LEKË

01 阿尔巴尼亚5列克和25列克上的解放牌卡车

纸币尺寸：125mm×65mm（5列克）
150mm×85mm（25列克）
1阿尔巴尼亚列克≈0.0633元人民币

阿尔巴尼亚5列克正面（图样，非原尺寸）

阿尔巴尼亚5列克背面（图样，非原尺寸）

阿尔巴尼亚 25 列克正面（图样，非原尺寸）

阿尔巴尼亚 25 列克背面（图样，非原尺寸）

阿尔巴尼亚共和国，位于欧洲东南部，巴尔干半岛西南部，隔亚得里亚海和奥特朗托海峡与意大利相望，南与希腊接壤，东临马其顿，东北是塞尔维亚、北接黑山共和国。人口约 285 万（2019 年 1 月），面积为 2.87 万平方公里。海岸线长 472 公里。1949 年 11 月 23 日与中国建交。

在阿尔巴尼亚 1964 年和 1976 年版 5 列克和 25 列克的纸币正面，印有一辆行驶在公路、农场的卡车。这个引人注目的运输工具，是赫赫有名的中国长春第一汽车厂生产的解放牌汽车。

长春第一汽车厂是中国第一个五年计划重点项目之一。在苏联专家的帮助下从立项建厂到 1956 年 7 月 13 日第一辆解放牌汽车装配完成，仅用了三年时间。在中华人民共和国成立的初期，就结束了中国不能制造汽车的历史。毛泽东欣然将其命名为解放牌卡车。

当时中国的国内经济建设刚刚拉开全面建设的序幕，各方面的日子过得很窘迫，但是在帝国主义对中国进行全面经济封锁，复杂严峻的国际环境中，中阿关系作为特定历史时期内最重要的双边关系，从 1954 年至 1978 年期间，中国对阿尔巴尼亚进行了大量的经济援助和军事援助，高达 100 多亿元人民币。当时中国人均年收入不到 100 元，阿尔巴尼亚总人口才 200 多万，相当于援助给每个阿尔巴尼亚人 4000 多元。“海内存知己，天涯若比邻”成了当时中国人民家喻户晓的名言。

20 世纪六七十年代，阿尔巴尼亚当地人骑的是永久牌自行车，戴的是上海牌手表，听的是红灯牌收音机，中国帮助阿尔巴尼亚兴建钢铁、化肥、军工、电力、煤炭、纺织、轻工、广播、通信等 100 多个项目。

解放牌汽车大量出口到阿尔巴尼亚，为当地经济发展立下了汗马功劳。解放牌汽车出现在流通纸币的图案上，也印证了阿尔巴尼亚政府和人民对 20 多年来中国对阿尔巴尼亚实施慷慨无私的国际主义援助的感激。

1971 年阿尔巴尼亚和阿尔及利亚联合 23 个国家在第 26 届联合国大会上递交“两阿提案”，提议恢复中华人民共和国在联合国的合法席位，经过大会投票表决，以绝对优势通过这一提案。

02 阿尔巴尼亚 10 列克上的毛泽东纺织厂

纸币尺寸：135mm × 75mm

1 阿尔巴尼亚列克 ≈ 0.0633 元人民币

阿尔巴尼亚 10 列克正面（图样，非原尺寸）

阿尔巴尼亚 10 列克背面（图样，非原尺寸）

20世纪50年代后期至70年代末期，为支持阿尔巴尼亚的社会主义建设，中国举全国之力，提供成套设备，派遣成批专家和技术人员援助山鹰之国。

这枚纸币上的纺织厂是应阿尔巴尼亚的要求，中国以成套设备援建的10万锭纺织厂，被阿尔巴尼亚命名为“毛泽东纺织厂”。

为了保证大规模的援助物资运输需要，中国政府从极度匮乏的自由外汇中，专门从意大利购买一艘万吨远洋运输船，成立了完全由中方出资的运输公司，后又为该公司续购两船，扩大到三艘，承担为阿尔巴尼亚的长期援建物资运输。

对阿尔巴尼亚20多年的无偿援助，在中华人民共和国成立后几十年的外交关系中是非常罕见的。

03 阿尔巴尼亚 100 列克上的毛泽东水电站

纸币尺寸：175mm × 95mm
1 阿尔巴尼亚列克 ≈ 0.0633 元人民币

阿尔巴尼亚 100 列克正面（图样，非原尺寸）

阿尔巴尼亚 100 列克背面（图样，非原尺寸）

洋溢中阿两党、两国人民的革命友谊和战斗团结气氛
我党政代表团访问毛泽东水电站受到热烈欢迎

阿尔巴尼亚是山地国家，三分之二的国土是高山。北部的德林河是阿尔巴尼亚最重要的发电河流。

1965年，中国水利水电第七工程局、第十二工程局相继援建阿尔巴尼亚第一座水电站。1967年开工，1971年交付使用。五台水轮发电机组，装机容量25万千瓦，年均发电量10亿度，其发电量占阿尔巴尼亚全国发电量的20%。设计、施工、机器安装和调试的全过程都由中国专家、技术人员援助。电站建成后被命名为“毛泽东水电站”。

历经40多年风风雨雨，其间受世界银行贷款进行过技术改造，实现了计算机控制。该电站至今仍然是阿尔巴尼亚最主要的发电站。运转良好，大坝坚固、安全。

机组厂房的水轮机、变压器、压力钢管等主要设备至今依然可以清晰地辨析中国汉字，是记载中国与阿尔巴尼亚友好互助的历史铭刻。

该水电站现在已被改名为伐乌代耶水电站。

04 阿尔巴尼亚 100 列克上的爱尔桑巴钢铁联合企业

纸币尺寸：159mm × 77mm
1 阿尔巴尼亚列克 ≈ 0.0633 元人民币

阿尔巴尼亚 100 列克正面（图样，非原尺寸）

阿尔巴尼亚 100 列克背面（图样，非原尺寸）

阿尔巴尼亚有储量较丰富的镍铁共生矿资源。1960 年 10 月，毛泽东主席在北京接见阿尔巴尼亚部长会议副主席凯莱齐时，主动提出帮助阿尔巴尼亚建设钢铁联合企业。

国家冶金部从 1961 年开始，援助阿尔巴尼亚建设了 18 个冶金项目。爱尔桑巴钢铁联合企业是投产的最大钢铁厂，规模最大，难度最大，范围最广。企业所用的主要原料是阿尔巴尼亚自产的红土矿。这种矿石性质十分特殊，如何综合利用这种矿石，在国际上是没有先例的，中国也缺乏实际经验。1961 年初始，援建项目专家团队和有关技术人员先在国内进行了一系列的探索性研究和半工业性、工业性试验，并且在上海冶炼厂建设了一座 100 吨处理规模的试验厂，经过四年多的艰苦探索，先后进行了 100 多项重大试验，花费了近一亿元的试验费，终于试验成功镍钴提纯新工艺技术。与此同时，还进行了钢种冶炼试验，基本摸清了用镍钴铁共生矿冶炼的 51 个钢种的主要性能和工艺特点。

爱尔桑巴钢铁联合企业于 1971 年 10 月 16 日动工，分两期建设，由 260 余个单项工程组成，国家冶金部抽调全国技术力量分别承担设计、建设任务。

05 几内亚 50 法郎、5000 法郎上的金康水电站

纸币尺寸：
（1971 年版）155mm × 83mm
（1980 年版）156mm × 85mm
（2010 年版）150mm × 75mm（2010 版几内亚发行货币 50 周年纪念钞）
（2012 年版）150mm × 75mm
（2015 年版）140mm × 66mm
1 几内亚法郎 ≈ 0.0007 元人民币

几内亚 50 法郎背面（1971 年版）（图样，非原尺寸）

几内亚 50 法郎正面（1971 年版）（图样，非原尺寸）

几内亚 50 法郎背面（1980 年版）（图样，非原尺寸）

几内亚 50 法郎正面（1980 年版）（图样，非原尺寸）

几内亚 5000 法郎背面（2010 年版）（图样，非原尺寸）

几内亚 5000 法郎正面（2010 年版）（图样，非原尺寸）

几内亚 5000 法郎背面（2012 年版）（图样，非原尺寸）

几内亚 5000 法郎正面（2012 年版）（图样，非原尺寸）

几内亚 5000 法郎背面（2015 年版）（图样，非原尺寸）

几内亚 5000 法郎正面（2015 年版）（图样，非原尺寸）

几内亚共和国位于西非西岸，北邻几内亚比绍、塞内加尔和马里，东与科特迪瓦、南与塞拉利昂和利比里亚接壤，西濒大西洋。海岸线长约 352 公里，人口约 1280 万（2019 年），面积约 24.5 万平方公里，1959 年 10 月 4 日与中国建交。

几内亚水利资源丰富，是西非三大河流发源地，有“西非水塔”之称。

中国水电十一局援建的金康水电站于 1964 年 7 月正式开工。经过近两年艰苦卓绝的施工，1966 年 6 月，金康水电站通过全面鉴定验收正式移交几方。几经扩容，这座水电站至今依然屹立在这片美丽的土地上。

1971 年几内亚老版 50 西里纸币始印金康水电站起，至今 50 年来，几内亚已经有多种版本的流通纸币印着金康水电站。几内亚几代人深情诉说着这座水电站的魅力所在。而 1971 年版的这枚金康水电站纸币早就成了收藏界的宠儿，难见其尊容。

金康水电站项目的成功合作后，中国企业又应几内亚政府的要求，后继援建了一批新的国计民生基础设施项目。

06 坦桑尼亚1000先令上的基维拉煤矿

纸币尺寸：142mm × 70mm
1坦桑尼亚先令 ≈ 0.0028元人民币

坦桑尼亚1000先令背面（1993年版）（图样，非原尺寸）

坦桑尼亚1000先令正面（1993年版）（图样，非原尺寸）

坦桑尼亚 1000 先令背面（1997 年版）（图样，非原尺寸）

坦桑尼亚 1000 先令正面（1997 年版）（图样，非原尺寸）

坦桑尼亚 1000 先令背面（2000 年版）（图样，非原尺寸）

坦桑尼亚 1000 先令正面（2000 年版）（图样，非原尺寸）

坦桑尼亚联合共和国简称坦桑尼亚，是古人类发源地之一。位于非洲东部、赤道以南。北与肯尼亚和乌干达交界，南与赞比亚、马拉维、莫桑比克接壤，西与卢旺达、布隆迪和刚果（金）为邻，东临印度洋。人口约 5910 万 (2018 年)，面积 94.5 万平方公里。中国于 1961 年 12 月 9 日与坦噶尼喀建交，1963 年 12 月 11 日与桑给巴尔建交。坦、桑联合后，我国自然延续与坦、桑的外交关系，将 1964 年 4 月 26 日坦、桑联合日定为与坦桑尼亚建交日。

1965 年 2 月尼雷尔总统访华，1965 年 6 月周恩来总理访问坦桑尼亚以后，两国友好合作关系历经半个多世纪的顺利发展。

中国从 1964 年开始向坦桑尼亚提供各种援助，当时最著名的坦赞铁路项目是中国最大的援外项目。

印在 1000 先令纸币上的基维拉煤矿是中国从 20 世纪 60 年代始，与友谊纺织厂、姆巴拉利农场、马宏达糖厂等最早实施的援助项目之一。半个多世纪中，这家煤矿的经营和发展路途中遇到过一些曲折，但是，中国始终秉持共同发展、互利互赢的初衷，多次投入大额资金，战胜数百家竞争者，保持了该矿目前继续由坦中两国企业共同经营的局面，维护了坦桑尼亚国家对该煤矿的经营权益。

07 赤道几内亚、加蓬、喀麦隆 2000 法郎上的毕科莫水电站

纸币尺寸：140mm × 74mm
1 中非法郎 ≈ 0.0119 元人民币

赤道几内亚 2000 法郎正面（图样，非原尺寸）

赤道几内亚 2000 法郎背面（图样，非原尺寸）

喀麦隆 u 版 2000 法郎正面（图样，非原尺寸）

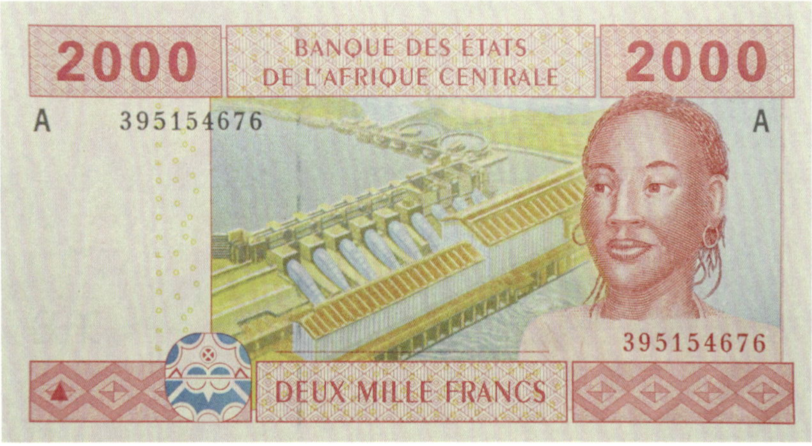

加蓬 A 版 2000 法郎正面（图样，非原尺寸）

赤道几内亚共和国位于非洲中西部，西临大西洋，北邻喀麦隆，东、南与加蓬接壤。人口约 140 万（2019 年），面积 2.8 万平方公里。1970 年 10 月 15 日与中国建交。

这枚纸币是“非洲经济与货币共同体”2002 年发行的 2000 法郎纸币，简称“中非法郎”，是“中部非洲国家银行”在赤道几内亚、刚果（布）、加蓬、喀麦隆、乍得和中非共和国实行的跨国区域内流通货币。

纸币正面印着的毕科莫水电站，是中国在 20 世纪 70 年代末的援建项目，是 1983 年建成投入使用的赤道几内亚第一座水电站。同时，中国通过 18 期连续的技术援助，实施千人培训计划，帮助赤道几内亚培养了大批电力人才。

毕科莫水电站运行 30 多年后，中国商务部派出专家组再赴赤道几内亚，对该电站的维修改造提出设计方案，更换新型水轮发电机和附属设施，增加全套自动化控制设备，改

造电站的辅助系统以及水库清淤清障，进一步提升了水电站的效能。

2018 年当水电站的改造项目完工交接仪式时，赤道几内亚国家工业电力部部长埃杜盛赞该项目是两国长期友好合作的典范。

赤道几内亚外交部部长也在各种场合多次表示：长期以来，中方珍视同赤道几内亚已建立的相互支持、相互帮助的友好互利关系，中国是好兄弟、好朋友和长期伙伴，无论赤道几内亚处于顺境还是逆境，中国始终与赤道几内亚人民站在一起。

2015 年 1 月 14 日下午，在赤道几内亚访问的中国外交部部长王毅也曾经讲了一段令在场 200 多名贵宾动情的话。

“中国援建的这座大楼（指中国援建的外交部大楼）已经矗立在这里，它本身就说明了一切。我想给大家讲另外两个小故事。2008 年 5 月，中国四川汶川发生强烈地震后，远在非洲的赤道几内亚人民感同身受，奥比昂总统派外长带着捐款专程飞到灾区，交给灾区的群众。今年是中国和赤道几内亚建交 45 周年，双方协商举办纪念活动。赤道几内亚朋友知道中国仍然是发展中国家，还有一些贫困山区，有意为中国云南的山区捐建一所小学。我这里不想说捐建一所小学要多少钱，也不想说中方援建这座大楼花了多少钱。我想告诉大家的是，中国和赤道几内亚是兄弟，我们一贯相互支持，相互帮助，特别是在一方遇到困难的时候，另一方一定会伸出援手，给予坚定支持。这是一份情谊，我们非常珍视。在这份情谊面前，任何数额都会显得苍白。”

2020 年 2 月中国武汉发生新冠肺炎疫情，总统奥比昂迅速决定向中国疫区捐赠 200 万美元，表示赤道几内亚坚决与中国人民在一起，绝不袖手旁观。

08 苏丹 100 镑上的水电站群
（麦洛维大坝、罗塞雷斯大坝、上阿特巴拉水利枢纽）

纸币尺寸：148mm × 66mm
1 苏丹镑≈ 0.014 元人民币

苏丹 100 磅背面（图样，非原尺寸）

苏丹 100 磅正面（图样，非原尺寸）

苏丹共和国位于非洲东北部、红海沿岸、撒哈拉沙漠东端。人口约4435万（2020年），国土面积188万余平方公里，为非洲面积第三大国，世界面积第十五大国。1959年2月4日与中国建交。

2019年2月，苏丹央行发行了面值为100苏丹镑的纸币。由中国长江三峡集团有限公司旗下的中国水利水电建设股份有限公司负责承建和改建的三座大坝——麦洛维大坝项目、罗塞雷斯大坝加高项目和上阿特巴拉水利枢纽项目，都坐落在苏丹的“母亲河”尼罗河的干流和支流上，同时作为背景图案出现在纸币上。这三座电站总装机占苏丹水电装机的95%，占全国总装机的60%以上，为苏丹国家稳定、经济发展、民生改善提供了坚实的基础。

中国水利水电建设股份有限公司在苏丹20多年的合作过程中，已经先后为苏丹建造15个水利水电和基础设施项目。这些水电站投入使用后，使苏丹国家电费降低了25%以上，让苏丹人民实实在在享受到了发展的成果。其中的麦洛维大坝还被当地媒体誉为“苏丹的三峡工程”。

三座水电站同时印在国家货币上，不仅表达出苏丹对未来能源和经济发展的热切渴望，也是对中国和苏丹两国友谊合作的崇高礼赞。

09 老挝 5000 基普上的万荣水泥厂

纸币尺寸：152mm × 69mm
1 老挝基普 ≈ 0.0006772 元人民币

老挝 5000 基普背面（图样，非原尺寸）

老挝 5000 基普正面（图样，非原尺寸）

老挝人民民主共和国是一个位于中南半岛北部的内陆国家，北邻中国，南接柬埔寨，东临越南，西北毗邻缅甸，西南毗邻泰国。

人口约723万（2019年），面积23.68万平方公里，1961年4月25日与中国建交。

老挝为了改变所用水泥完全依赖进口的困境，1993年与中国云南国际经济技术合作有限公司友好协商，由老方出资，中方总承包，云南省建材局和普洱水泥厂承建年产7万余吨的万荣第一水泥厂。

2002年3月，中老双方合资建设的万荣第二水泥厂又落成投产，由此大大地缓解了老挝严重依赖进口水泥的局面。万荣水泥厂成了中老经济技术合作的样板工程，也体现出长期以来中国亲诚惠容的周边外交理念。1997年版和2003年版老挝5000基普纸币均印着万荣水泥厂全景图案。

10 老挝 20000 基普上的南累克水电站

纸币尺寸：153mm × 68mm
1 老挝基普 ≈ 0.0006772 元人民币

老挝 20000 基普背面（图样，非原尺寸）

老挝 20000 基普正面（图样，非原尺寸）

南累克水电站是老挝人民民主共和国成立后建成的首座水电站，也是中老合作的模范样板工程。它坐落于老挝首都万象市东北部，装机容量 6 万千瓦，由亚洲开发银行投资，老挝国家电力公司为业主，法国索格利咨询公司（SOGREAH　Consultants）为工程咨询，中国水利电力对外有限公司中标后由中国水利水电第十工程局承建。1996 年 12 月 18 日开工，1999 年 12 月 18 日如期竣工。2002 年，南累克水电站厂房工程被作为背面图案，印在了老挝国家银行发行的 2 万基普纸币上。

该电站建设工程期间顶住了亚洲金融风暴的严峻考验。电站建成后运行良好，为老挝提供着稳定的电源，得到了老挝人民的公认。

2017 年 11 月 13 日习近平总书记访问老挝时曾经在老挝媒体发表了署名文章《携手打造中老具有战略意义的命运共同体》。文中特别指出：“中国企业承建的南累克水电站运行良好，为老挝经济建设和社会发展发挥了重要作用。”

水电站的兴建也改变了老挝山区老百姓的生活状况。水电站吸纳当地劳动力在水电站就业，许多当地员工已经在中国工程师的带教下，能够独立顶岗，胜任水电站日常的运转。

中国多家企业与老挝合作，在老挝全国超过半数的水电站留下了中国智造的印记。

11 老挝 2000 基普上的赛德二号水电站

纸币尺寸：142mm × 65mm
1 老挝基普 ≈ 0.0006772 元人民币

老挝 2000 基普背面（图样，非原尺寸）

老挝 2000 基普正面（图样，非原尺寸）

中国水利水电建设集团公司承建的老挝赛德二号水电站是2005年11月13日正式开工的。与已投入运行的赛德一号水电站和规划中的赛德三号水电站形成了梯级开发。

该项目总承包方为中国北方工业公司，由中国水利水电建设集团公司以EPC形式承包，中国水利水电第十工程局有限公司具体施工。2009年8月7日如期竣工。中老双方对项目合作都表示满意。此项目为两国商贸合作和经济往来做出了积极的贡献。

此后，在色赛河上合作开发的赛德三号水电站由中国北方国际合作股份有限公司承建，并且在2017年1月17日正式竣工移交，为老挝经济增长提供清洁能源并创造长期效益。

12 佛得角 500 埃斯库多上的泡衣崂水坝

纸币尺寸：130mm × 64mm

1 佛得角埃斯库多 ≈ 0.0703 元人民币

佛得角 500 埃斯库多背面（图样，非原尺寸）

佛得角 500 埃斯库多正面（图样，非原尺寸）

泡衣崂水坝工程是1975年佛得角独立以后，中国政府和人民在自己国内经济十分困难的情况下，为响应佛得角政府向干旱和沙化开战的决心，力所能及地援助佛得角人民降伏旱魔的第一个水利工程项目，也是佛得角历史上的第一座水坝。

由中国水利部天津水利水电勘测设计研究院设计，广东省源大水利水电集团有限公司为施工总承包单位。项目建设包括水坝工程、引水管和放水管工程、交通桥及纪念亭工程。工程于2004年12月28日开工，2006年5月6日竣工。

2006年7月3日，佛得角政府总理，政府各部长，驻佛得角各国使节和国际组织代表以及各界人士数千人参加了落成庆典。

附：印在纸币背面泡衣崂水坝画面上的诗句。

干旱过后，
是无边的寂静，
既没有植物，
也没有树木残留，
徒留一片荒芜。
……
干旱就这样悄无声息地过去了。
……
无边的寂静才是这些干旱岛屿的灾难！
没有怨言，也没有喧嚣，
唯有灭亡在未来等待。
……

（作于豪尔赫·巴博萨破旧的小屋中）

13 加纳1塞地上的阿科松博水电站维修改造

纸币尺寸：137mm×65mm
1加纳塞地≈1.0985元人民币

加纳1塞地背面（图样，非原尺寸）

加纳1塞地正面（图样，非原尺寸）

阿科松博水坝位于加纳东部地区沃尔特 (Volta) 河上，是一座具有发电、防洪、灌溉、航运、渔业等多种功能的水利工程。美国沃尔塔铝业公司 1961 年投资建造，1966 年投入运行。经济效益非常可观。特别是水库形成的湖区渔业资源异常丰富，是非洲地区难得的渔场。

但是坝址区域地质非常复杂。电站运行 50 多年后，设备严重老化，影响了电站正常运营。

2010 年，中国水电企业积极参与国际市场竞争，击败数家欧洲公司的竞争后成功获得世界银行出资，对该电站的设备更新改造—— 博 p7 项目。中国水电企业在施工中克服物资匮乏和疟疾等疾病的困扰，不怕牺牲，坚持不懈，在非常艰苦的施工条件下于 2014 年按期完成项目。

设备更新改造后的阿科松博水电站不但恢复了发电能力，保障了加纳国内的供电外，还向邻国多哥、贝宁等国家输出电力。

14 马达加斯加 10000 阿里亚里上的艾奥拉港区矿产开发

纸币尺寸：144mm × 78mm
1 马达加斯加阿里亚里 ≈ 0.0017 元人民币
（马达加斯加货币单位是五进制）

马达加斯加 10000 阿里亚里背面（图样，非原尺寸）

马达加斯加 10000 阿里亚里正面（图样，非原尺寸）

艾奥拉港是马达加斯加最大的港口。马达加斯加政府使用世界银行的资助，并且吸引外资公司开发建设和经营这个港区，以使本国丰富的矿产资源通过港口外运。

2008年，马达加斯加政府对位于艾奥拉港口沿岸海岸线的海滨钛锆砂矿进行国际招标。该矿区总面积超过8000平方公里，区域内的矿产资源有钛铁矿、锆英石、独居石、金红石、金、铝矾土、铬等多种矿产。中国广东广新矿业资源集团有限公司在马达加斯加有多年的矿产开发经验。该公司与深圳、香港等公司组成合资公司，在马达加斯加经过十分激烈的国际竞标，最终获得850公里海岸线的海滨钛锆砂矿的开采权。依托艾奥拉港口成功地实现了矿产开发和外运。在艾奥拉港口与马达加斯加政府和开发港口的其他外资公司实现了多边合作、互利共赢的好局面。

钛矿是制取钛渣、人造金红石、钛白、海绵钛、钛金属及钛材、焊条涂料的重要原料。钛白不仅是性能优异的白色颜料，而且是重要的化工原料。它广泛用于涂料、油墨、塑料、橡胶、造纸和化纤工业。钛白涂料，色彩鲜艳，色调纯正；钛白是纸张的高级填料，使纸张薄而不透明，在塑料工业、橡胶工业、化学纤维、搪瓷、电器、电子原料、航空和宇航部门、海水淡化加热器、石油钻探等方面，是不可缺少的原料。

中国企业开发艾奥拉港区的矿产后，为该矿区多种矿产品顺利地实现了出口增效，实现了中国与马达加斯加两国经济技术互补互赢的良性循环，实际上是得益于中国政府与马达加斯加政府之间的长期合作互信。早在1999年时，来华访问的马达加斯加外长就最早正式提出在中非之间建立某种多边机制，与当时的中国外交部部长唐家璇想法不谋而合。后经国务院正式批准，建立中非合作论坛的官方表述中，专门有段文字：“为进一步加强中非在新形势下的友好合作，共同应对经济全球化挑战，促进共同发展，根据部分非洲国家的建议，经中国政府倡议……”这段文字真实反映了中国与非洲国家建立起的“长期稳定、平等互利的新型伙伴关系”的价值认同。

15 马拉维 500 克瓦查上的民生饮水工程

纸币尺寸：132mm × 68mm
1 马拉维克瓦查≈ 0.008 元人民币

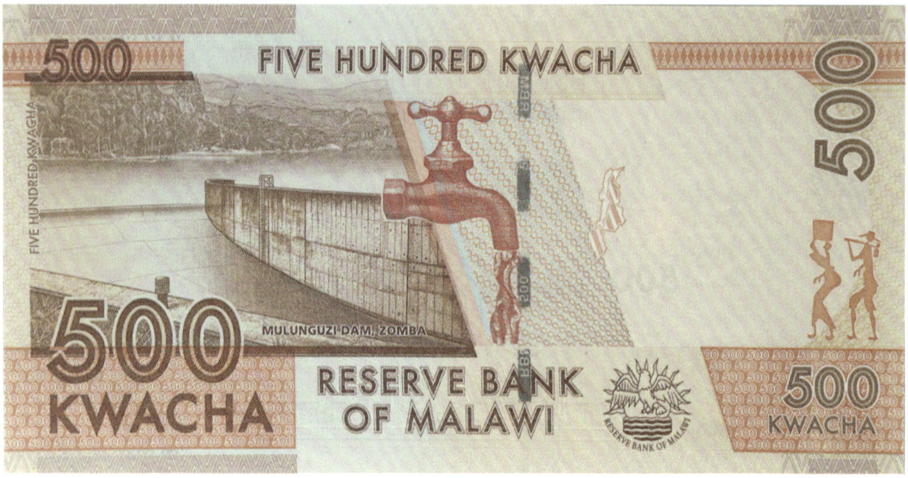

马拉维 500 克瓦查背面（图样，非原尺寸）

马拉维 500 克瓦查正面（图样，非原尺寸）

甘肃地质工程有限责任公司执行国家商务部下达的任务，援建马拉维600眼水井项目于2012年11月1日开工，2013年11月29日提前三个月完工并交付使用，2014年3月6日移交马拉维政府。

施工队伍在马拉维先行踏勘时获知，援建项目均为多村人畜饮水项目，施工的村庄极度分散。部分村庄地处偏远，道路状况很差，有些道路经过雨水的冲刷，路基被冲毁，桥梁被冲断。为确保工程作业人员及大型车辆安全顺利到达施工现场，前期需要做非常细致和艰苦的沟通协调工作，以保证项目按时开工。

在测井位置时，发现所在的地区地下水资源极其匮乏，干井率达到50%左右，施工公司便选派具有丰富经验的测井技术人员风餐露宿，足迹遍及项目涉及的每一个村庄。他们仔细勘察地形情况，认真研究地质结构，每个村子至少选择三个点进行测量，有的村子甚至要选5到7个点，依据测井数据，通过分析比较，选出最有希望的测点进行水井施工，最大限度降低干井率，提高施工效率。由于严重缺水，村庄的生活条件十分低下，井位的分布过于分散，施工人员每天起早贪黑，中午和当地工人一块吃点西麻（一种玉米面团，当地居民的主食），晚上十点多才能赶回基地。有的井位施工人员还必须住在工地上，一住就是半个月。但是为了能多建一个井坪、多安装一台水泵，确保项目能按时完工，中国施工队伍中没有一个人叫苦喊累，无怨无悔。

在项目施工中，因马拉维水利部要求水井施工中所用到的砾料必须是马拉维湖里的砾料，而砾料运输路途遥远（往返在800公里左右），而且有的村庄位于半山腰上，大型运输车无法通过，加大了砾料的运输难度和成本。为此，施工队伍根据村庄的分布情况，统一分区域，用卡车直接把砾料运到所分区域的中心地带，根据每个井位的需要，再用小型皮卡车运到井位，既节约了时间和成本，又加快了施工进度。

施工期间，每当打出一口成井，在井水喷出的那一刻，当地村民欢呼雀跃，大人小孩载歌载舞。

马拉维灌溉与水利部部长卡琳德在移交仪式上的讲话中高度评价中马关系，称中国是马拉维的真诚朋友和可靠伙伴，并对中国政府对马拉维经济社会发展的大力帮助和支持表示衷心感谢，称600眼水井为马拉维6个地区共15万人提供了清洁饮用水，极大地改善了当地民众的生活质量，喝水不忘打井人！

16 几内亚 20000 法郎上的凯乐塔水利枢纽

纸币尺寸：148mm × 69mm
1 几内亚法郎 ≈ 0.0007 元人民币

几内亚 20000 法郎背面（图样，非原尺寸）

几内亚 20000 法郎正面（图样，非原尺寸）

凯乐塔水利枢纽工程，是几内亚当时规模最大的综合性水利枢纽项目，有着“西非水塔变电塔”的美誉。

已经在金康水电站项目中结下中非深厚友谊的中国长江三峡集团公司下属中国水利电力对外公司受到几内亚政府的信任，担当起这个大型项目的建设者。于 2012 年开工，2015 年竣工，工程设计全部采用中国标准和规范，机电设备全部永久从中国进口。

中国水电队伍承担该项目施工进程中，正是埃博拉疫情袭击非洲最危险的紧急时期，现场施工 500 多名中方人员在中国援非医疗队的专业指导下，科学防范病毒的散播，坚守工地，以血肉之躯与几内亚人民守望相助，共渡难关。建设项目的所有中外员工无一受到疫情侵害，顺利完成大坝浇筑、机电安装、大坝蓄水等一系列节点目标，并且以提前半年投产的好成绩向几内亚人民奉呈中国工匠们的精品之作，为深处疫情旋涡的几内亚经济注入强劲的能源动力。

该工程还被美誉为“几内亚总统工程”。这是因为几内亚总统孔戴先生非常重视能源开发，积极推动非洲可再生能源建设事业。他多次亲临工地视察，多次率领非洲多个国家嘉宾参观凯乐塔水利枢纽工地，被非洲多国首脑拥戴为“非洲能源冠军”。

中国施工队伍在项目设计和施工、管理全过程中，把技术转让和人才培养作为项目全过程的关键“钥匙”，毫无保留地传授给非洲朋友。许多几内亚员工经过多年的培训和实践，已经成长为水电站领域的高水平专业技术人员。

17 赞比亚5克瓦查上的卡里巴水电站北岸

纸币尺寸：138mm × 70mm
1赞比亚克瓦查≈ 0.2835 元人民币

赞比亚5克瓦查背面（图样，非原尺寸）

赞比亚5克瓦查正面（图样，非原尺寸）

卡里巴水坝，位于赞比亚与津巴布韦之间的赞比西河的卡里巴峡谷，水坝是在赞比亚独立以前由欧洲国家动工兴建的。1955 年开工，1959 年完工，1963 年完成水库蓄水。它横跨赞比亚和津巴布韦两国边境。分别在北岸与南岸有两个发电站，为赞比亚与津巴布韦提供电力。

该大坝建成至今 60 多年了，年久需要维修，但是缺少维修资金，面临崩塌的危险。水坝一旦崩塌，将直接威胁赞比亚、津巴布韦、莫桑比克和马拉维四国 350 多万居民的生命、财产安全以及整个地区的电力供应。

赞比亚能源与水利部部长向国际社会求助，希望筹募数亿美元的费用，展开紧急维修工程。

中国水利水电建设集团公司在非洲开发银行、世界银行、欧盟、赞比亚和津巴布韦国家银行联合融资支持下，派出精锐技术队伍，配备精良仪器装备承接了卡里巴大坝全身体检和升级改造的大规模扩建工程，目标是把卡里巴北岸扩建工程建设成一流的样板工程。与大坝工程同步进行的是本土人才和管理技术的创新。中国水利水电建设集团公司在赞比亚政府能源部、赞比亚电力公司和中国水利部农村电气化研究所的支持协同下，积极地与当地合作举办水电站运行管理技术和人才培训班，提升水电站的学员们关于运行维护的知识和技能。

赞比亚总统在北岸扩建工程奠基仪式时致辞，高度评价中国担当的两国情谊，认为这座大坝的修复是中赞友谊铸立的丰碑。

随着发电情况的好转，赞比亚电力公司 2017 年已经停止了持续数年的限制供电措施。因为卡里巴工程的良好履约，为中国水利水电公司赢得了周边多个国家的新增工程合同，为中国电建立足非洲市场奠定了坚实的基础。

18 津巴布韦5元和100元上的卡里巴水电站南岸

纸币尺寸：140mm × 68mm（5元）
152mm × 76mm（100元）

津巴布韦5元背面（图样，非原尺寸）

津巴布韦5元正面（图样，非原尺寸）

津巴布韦 100 元背面（图样，非原尺寸）

津巴布韦 100 元正面（图样，非原尺寸）

津巴布韦共和国，原称罗得西亚（1980 年前），是非洲东南部内陆国，东与莫桑比克相邻，西南与博茨瓦纳相邻，南与南非相连，北与赞比亚相邻。人口 1690 万（2019 年 1 月），面积 39 万余平方公里。1980 年 4 月 18 日独立当天与中国建交。建交以来，两国关系发展顺利。2018 年 4 月，两国建立全面战略合作伙伴关系。

卡里巴南岸水电站扩容项目是两国双边合作项目之一。2014 年 9 月启动，2017 年 12 月和 2018 年 2 月建成并投入试运行。2018 年 3 月 28 日，津巴布韦总统姆南加古瓦出席卡里巴南岸水电站扩容项目竣工仪式，副总统奇温加、莫哈迪，能源部部长莫约，西马绍纳兰省省长沙姆，财政部部长奇纳马萨，环境水利部部长穆春古丽，旅游部部长穆波米拉等高官陪同，与中国驻津巴布韦大使黄屏等中方人员共同为新落成的 7、8 号发电机组揭牌并亲手按下发电机组开关按钮，标志着两台新增加的机组正式投产发电。

卡里巴南岸水电站扩容项目是在电站原有 6 台机组的基础上新安装两台 150 兆瓦水轮

发电机组，使水电站总装机容量由750兆瓦提升至1050兆瓦。

津巴布韦总统表示：卡里巴南岸水电站扩容项目竣工令人振奋。它是津巴布韦政府致力于发展经济必需的电力供应的重要保障，也是改善投资环境的必要条件，由中国进出口银行提供贷款。新增的300兆瓦的发电量犹如雪中送炭，减少了津从南非和莫桑比克等国进口电力的高额成本，有助于津经济复苏、稳定的营商环境的打造。

姆南加古瓦总统特别强调，中国的帮助对该项目落成具有重要意义，他高度评价中国水电施工单位克服重重困难、高质高效完成项目建设并积极履行社会责任，造福当地人民的高尚风格！

中国水电队伍在该项目建设过程中还特别重视承担社会责任，积极开展公益活动，雇用、培训当地员工，提供累计超过3000人次的就业机会，使该项目成为中津合作的范例。

19 斯里兰卡 100 卢比上的普特拉姆燃煤电站

纸币尺寸：138mm × 67mm
1 斯里兰卡卢比≈ 0.032 元人民币

斯里兰卡 100 卢比背面
（图样，非原尺寸）

斯里兰卡 100 卢比正面（图样，非原尺寸）

普特拉姆燃煤电站位于斯里兰卡西北部沿海的卡尔皮提亚半岛上，距首都科伦坡以北130公里，是斯里兰卡建国后规模最大的工程建设项目，也是中斯两国最大的经贸合作项目，被当地人民亲切地称为“维多利亚之光”。作为斯里兰卡历史上第一个大型燃煤电站，一直受到中国和斯里兰卡政府高层的高度关注。

该项目分为两期建设，一期工程1×300MW工程在2007年8月开工，斯里兰卡总统拉贾帕克萨亲临开工典礼。2011年7月24日，提前半年移交投产后有效地缓解了斯里兰卡国内电力供应紧张的问题。二期工程2×300MW在2014年9月16日正式建成启用，中国国家主席习近平和斯里兰卡总统拉贾帕克萨共同出席视频连接启用仪式，共同启动控制系统。由中国机械设备工程股份有限公司、中国电力建设集团有限公司所属河南第一火电建设公司历经8年建设，4000多名中国施工技术人员参与建设。这个项目提供了斯里兰卡整个电网需求的45%，为斯里兰卡快速发展提供强有力的能源支持。

20 吉尔吉斯斯坦 100 索姆上的托克托古尔水电站维修改造

纸币尺寸：132mm × 67mm
1 吉尔吉斯斯坦索姆 ≈ 0.0758 元人民币

吉尔吉斯斯坦 100 索姆背面（图样，非原尺寸）

吉尔吉斯斯坦 100 索姆正面（图样，非原尺寸）

吉尔吉斯斯坦 ，是位于中亚的内陆国家。北与哈萨克斯坦，西与乌兹别克斯坦，西南与塔吉克斯坦相接，东紧邻中国，是苏联加盟共和国之一，1991 年 8 月 31 日独立，人口约 663.68 万（2021 年 3 月），面积 19.9 万平方公里，1992 年 1 月 5 日与中国建交。

吉尔吉斯斯坦是古代丝绸之路的重要中转点。托克托古尔水电站位于吉尔吉斯斯坦纳伦河上，是在苏联时期 1965 年动工，1978 年全部建成的。

后因为水电站运行多年，设施故障，数次发生大面积停电事故，由亚洲开发银行提供贷款为该水电站提供改造资金。中国江苏海外集团国际技术工程有限公司承包建设。从项目签订、设计、采购设备，到设备制造、运输、施工、调试到竣工，整个项目经过 3 年多时间。2018 年 10 月 20 日正式交付使用，保障了吉尔吉斯斯坦和周边国家的用电稳定性。

维修改造项目突出的困难是设备运输难度大。重达 260 吨的主变压器设备需要翻越海拔 3500 多米的天山山脉才能被运抵项目现场，而且旧电站改造进行中有许多不可预见的困难。但是，中国技术人员与当地的各协作部门通力协调，按照合同进度圆满完成，顺利通过吉尔吉斯斯坦国家检验委员会验收，获得德国监理公司和业主吉尔吉斯斯坦国家发电总公司的一致认可。

21 肯尼亚 50 先令上的清洁能源电站

纸币尺寸：123mm × 61mm
1 肯尼亚先令≈ 0.0593 元人民币

肯尼亚 50 先令背面（图样，非原尺寸）

肯尼亚 50 先令正面（图样，非原尺寸）

2019 年新版 50 先令印着的肯尼亚清洁能源项目是肯尼亚政府历经多年的努力获得的喜人成果。

纸币上的风力发电场（背面，左上角）是非洲最大的风电项目——图尔卡纳湖风电站。中国机械设备工程股份有限公司、中国电力建设集团有限公司为开发非洲清洁能源的项目留下了中国印迹。这个风电场安装有 300 多台风电机。项目并网后，可为肯尼亚国家电网增加大约 15% 的清洁电力。但是当 2016 年，图尔卡纳湖风电站全部完工时，电站的送出工程：罗扬加拉尼—苏斯瓦（约 434 公里）的 400 千伏输电线路的施工进度，却由于原承包商西班牙一家公司的破产退出而导致项目的严重滞后。

电力不能够按时送出，风电场业主向肯尼亚电力传输公司索赔高额违约金。而这项高额违约金，将被分摊在用户电费中。此时，中国电建集团贵州工程公司与中国国家电网下属南瑞集团有限公司组成联合体接手了这个“烂山芋”，与肯尼亚电力传输有限公司签订总承包合同，承诺在规定期限内完成电力传输项目。

中国企业要按时兑现这个承诺，就必须得解决道路运输困难、雨季施工困难、大风影响放线、现场遗留障碍、野生动物袭击、部落冲突影响等重重矛盾。智慧的中国施工团队以非凡的胆识、严谨的推理、娴熟的技艺、创意尝试“无人机放线”技术，一举实现科技跨越障碍、快速放线的极高效率。2018 年 8 月 31 日项目完工时，肯尼亚国家的多个主流媒体不约而同发表文章，称赞中国“无人机放线”技术帮助肯尼亚政府避免了巨额违约金。

肯尼亚总统乌胡鲁 · 肯雅塔及夫人、副总统威廉 · 鲁托、能源部长查尔斯 · 凯特等政府要员出席中国电建公司承建的输电项目竣工投产仪式并剪彩时，肯雅塔总统高度赞扬了中国电建集团强大的履约能力以及取得的卓越成就。

这个项目也证明了多边合作在非洲基础设施投资与建设上都存在巨大的合作潜力和发展需求。开发非洲清洁能源，互补合作能够为合作各方创造更多的互利空间。

22 埃及 50 皮阿斯特和 1 埃及镑上的沙漠光伏发电项目

硬币规格：直径 25 毫米　重 8.5 克（1 埃及镑）
　　　　　直径 23 毫米　重 6.5 克（50 皮阿斯特）
1 埃及镑≈ 0.4093 元人民币
1 埃及镑 =100 皮阿斯特

埃及 50 皮阿斯特背面

埃及 50 皮阿斯特正面

埃及 1 埃及镑背面

埃及 1 埃及镑正面

埃及太阳能资源非常丰富，特别适合光伏发电。2018 年 4 月，中国特变电工新疆新能源股份有限公司承建的世界最大光伏产业园，在埃及南部阿斯旺省本班光伏产业园正式开工建设。据 2019 年 10 月美国陆地卫星八号上的陆地成像仪摄制图显示，这个占地 37 平方公里的光伏产业园已经从阿斯旺沙漠中拔地而起，中国企业和中国技术为该产业园建设提供了重要助力。

这个在沙漠中捕捉阳光的清洁能源项目，在施工过程中，至少给当地创造了 5000 个就业岗位。

23 白俄罗斯 20 卢布纪念银币上的中白巨石工业园

银币规格：直径 50 毫米，重 33.63 克
1 白俄罗斯卢布≈ 2.5718 元人民币

白俄罗斯 20 卢布纪念银币正面

白俄罗斯 20 卢布纪念银币背面

白俄罗斯共和国是位于东欧的内陆国家，是苏联加盟共和国之一，1991 年 8 月 25 日独立。国土面积达 20.76 万平方公里，人口约 939.78 万（2020 年 4 月），1992 年 1 月 20 日与中国建交。

白俄罗斯工业基础较好，机械制造业、冶金加工业、机床及激光技术、IT 业较发达。由总统卢卡申科起名的“巨石”工业园，园区面积 91.5 平方公里。

该项目作为中国、白俄罗斯两国的最大经济技术合作项目，连接欧亚大陆，位于丝绸之路经济带，亦是中国海外最大的工业园区项目。白俄罗斯以国家立法、专项国际协定和义务为保障，设立独立的国家管理机构，为该园区提供前所未有的优惠和特惠条件，体现了新时期双边及多边经济合作、促进区域经济一体化发展的积极成果。

2014 年 6 月 9 日，中白工业园在白俄罗斯首都明斯克市奠基。项目启动以后，先后吸引了全球 30 多个国家 60 余家企业入驻，主导产业涵盖了电子通信、制药、精细化工、生物技术、机械制造、电子商务、大数据储存与处理等领域。

这枚银币是白俄罗斯国家银行在 2020 年 4 月，专为纪念中国国家主席习近平和白俄罗斯总统卢卡申科于 2015 年 5 月 12 日视察中白“巨石”工业园五周年而发行的国家法定货币。

伍

文化科技促发展

WENHUA KEJI CU FAZHAN

20
CENTRAL BANK OF SUDAN
MARCH 2019
One Cedi
20000
ROA ALINA ARIARY
B94430199
BANK OF
خمسة جنيه سوداني
TWO HUNDRED
SOMONI
200
BANK OF
GHANA
AD 1957
FREEDOM AND JUSTICE
20
BANKOFGHANA

01 韩国 10000 韩元上的中国古代发明浑天仪

纸币尺寸：148mm × 68mm
1 韩元 ≈ 0.005748 元人民币

韩国 10000 韩元背面（图样，非原尺寸）

韩国 10000 韩元正面（图样，非原尺寸）

大韩民国，简称“韩国”，位于东亚朝鲜半岛南部。韩国三面环海，西濒临黄海，东南是朝鲜海峡，东边是日本海，北面隔着三八线非军事区与朝鲜相邻。人口约 5200 万（2021 年 3 月），面积约 10.3 万平方公里（占朝鲜半岛面积的 45%）。1992 年 8 月 24 日与中国建交。

2007年韩国首发新版10000韩元上印着的浑天仪，追溯着中国西汉科技文化延绵2000多年来，传承给世界的汉学基因。

浑天仪，是浑仪和浑象的总称，最早是中国西汉时期的落下闳发明的，东汉时期的张衡继承和发展了前人的成果，元初四年（117年），铸造了浑天仪。

落下闳和张衡为世界天文学研究开了先河。中国西汉发明浑天仪后，历代后人都有不断改进。现今陈列在南京紫金山天文台的浑天仪是明朝正统七年（1442年）制造的。

朝鲜历史早期没有自己的文字，使用的书面文字是汉字。世宗李祹（1397—1450年）在位期间，创立了自己的文字，并且主持编纂农业科技书籍和医学书籍，支持改良和制作水表、浑天仪、雨量计等科技仪器。

时光穿越数千年，10000韩元纸币的正面印着世宗大王李祹的画像，反面印着的浑天仪，恰是印证着科学技术没有国界限制，科技发明的成果可以造福人类共同的美好未来。

02 越南 2000 盾上的南定纺织厂

纸币尺寸：134mm × 65mm
1 越南盾 ≈ 0.0003 元人民币

越南 2000 盾背面（图样，非原尺寸）

越南 2000 盾正面（图样，非原尺寸）

1955 年 7 月，中国无偿援助越南建设的南定纺织厂破土动工，规模为 1108 台织机。1959 年建成。该项目是中国第一个以国产纺织工业成套设备、自有先进技术对外援建的大型纺织厂。同时还配套援建有印染厂等多个纺织联合企业。

中国援建越南这座最大的纺织厂时，国内还实行着严格的计划经济，每个城市市民每年只能凭票定量购买纺织品。全国人民过着“新三年，旧三年，缝缝补补再三年”的紧日子时，拉开了中国援助亚、非、拉发展中国家的序幕。

此后，中国政府在柬埔寨、蒙古、斯里兰卡、朝鲜、古巴、刚果等 35 个国家援助建设了 82 个纺织成套项目。

03 几内亚 500 西里上的大会堂

纸币尺寸：172mm × 95mm
1 几内亚法郎 ≈ 0.0007 元人民币
（1986 年，几内亚西里改称几内亚法郎）

几内亚 500 西里背面（图样，非原尺寸）

几内亚 500 西里正面（图样，非原尺寸）

这枚纸币上印着的几内亚人民大会堂，是1980年为纪念前南斯拉夫总统访问几内亚而发行的纪念钞，是几内亚首都科纳克里的地标建筑物。它设计于20世纪60年代初，于1967年建成竣工，由当时的建工部建筑设计院（现中国建筑设计研究院有限公司）完成。当时国内“三年自然灾害”和经济困难时期刚刚过去，国内各方面的日子都过得很紧。但是在援外方面，中国政府要求援外建筑要实现现代化，也强调全部材料和设备要中国生产。在当时的经济技术条件下做到这两点要求，客观上有很多困难。但是中国援外施工企业和中国工人们以自身的韧性，克服种种困难，顺应当地的自然气候条件，精心设计施工完成的这个建筑，符合了当地民俗风格。虽然经受了大西洋海风几十年的侵蚀，大楼墙面现在显得有些斑驳陈旧，但该建筑至今依然是当地最为庄严气派的地标性建筑。

该建筑是我国第一个大型援外高级民用建筑，建筑面积24000平方米，设有一个2000座大会议厅，一个300座国际首脑会议厅和5个40—100座中小型会议室，可召开容纳50多国首脑的元首级会议。建筑同时被用于几内亚民主党总部的办公场所。

04 肯尼亚 20 先令上的莫伊国际体育中心

纸币尺寸：147mm × 76mm（1992 年版　1993 年版）
　　　　　132mm × 70mm（1997 年版）
1 肯尼亚先令 ≈ 0.059 元人民币

肯尼亚 20 先令背面（1992 年版）（图样，非原尺寸）

肯尼亚 20 先令正面（1992 年版）（图样，非原尺寸）

肯尼亚 20 先令背面（1993 年版）（图样，非原尺寸）

肯尼亚 20 先令正面（1993 年版）（图样，非原尺寸）

肯尼亚 20 先令背面（1997 年版）（图样，非原尺寸）

肯尼亚 20 先令正面（1997 年版）（图样，非原尺寸）

莫伊国际体育中心是以肯尼亚总统莫伊的名字命名的，位于首都内罗毕，由中国四川国际经济技术合作公司承建，1982 年开工，1987 年正式交付使用后，肯尼亚政府在这座体育馆举办全非洲第四届运动会，受到非洲各国媒体的广泛关注。时隔 20 多年后，2010 年，中国再次出资帮助翻新莫伊国际体育中心。

莫伊国际体育中心的设施包括 1 座可容纳 60000 人的体育场，1 座赛事标准游泳池，1 座室内体育馆和 1 间 108 个床位的旅馆，时至今日仍是全非洲非常亮眼的体育场馆之一。该建筑项目获得 1988 年中国建筑工程总公司优秀设计一等奖和 2009 年中国建筑学会建筑创作大奖。2010 年中国再度为该馆翻新提升新功能时，非洲各国共有 50 余座大型体育场馆烙着中国印记。

肯尼亚多年来发行的多种版本的 20 先令流通纸币上都印着莫伊国际体育中心。

05 加纳1塞地、50塞地和10000塞地上的独立广场

纸币尺寸：137mm × 65mm（1塞地）
153mm × 77mm（50塞地）
155mm × 77mm（10000塞地）
1加纳塞地≈1.098元人民币

加纳1塞地正面（图样，非原尺寸）

加纳1塞地背面（图样，非原尺寸）

加纳 50 塞地正面（图样，非原尺寸）

加纳 50 塞地背面（图样，非原尺寸）

加纳 10000 塞地背面（图样，非原尺寸）

加纳 10000 塞地正面（图样，非原尺寸）

加纳首都阿克拉的独立广场，濒临大西洋，是这个国家著名的旅游景点，为了纪念国家独立而建立。中国甘肃华陇建筑有限公司1989年5月承建了这个国家地标项目。1990年11月交付使用。

广场设计有代表加纳独立的独立拱门与无名烈士纪念碑，无名烈士纪念碑前面有一个红色火盆，每次祭奠的时候都会把前面这个红色的火盆点燃。到了国家节日或者阅兵等重要活动的时候，这里就会成为人的海洋。平时也会有很多国内外游客来此参观，成为阿克拉市民休闲的广场。

06 加纳 20000 塞地上的国家大剧院

纸币尺寸：160mm × 80mm
1 加纳塞地 ≈ 1.098 元人民币

2007 年加纳实行货币改革，
新版塞地 1 ：10000 兑换旧版塞地

加纳 20000 塞地背面（图样，非原尺寸）

加纳 20000 塞地正面（图样，非原尺寸）

加纳国家大剧院是中国建筑大师程泰宁院士和他率领团队的心血。由中国政府提供贷款兴建。总建筑面积近 1.2 万平方米，是一座分区明确、设施完善的多功能剧场。大剧院 1992 年底竣工并投入使用，成为加纳首都阿克拉城市形象的骄傲。这座“奔放而有力度、精致而不失浪漫”的建筑，传递出非洲艺术中那些原始而炽热的情感。

这个建筑项目曾入选国际建筑师协会《20 世纪世界建筑精品选》，也获得中国建筑学会“建国 60 周年建筑创作大奖”，是和独立广场、恩克鲁玛陵园并称的加纳首都最热门的“打卡”景点。

07 缅甸 20 缅元上的仰光人民公园

纸币尺寸：146mm × 69mm
1 缅元 ≈ 0.0039 元人民币

缅甸 20 缅元背面（图样，非原尺寸）

缅甸 20 缅元正面（图样，非原尺寸）

仰光是缅甸联邦共和国的原首都，地处缅甸最富饶的伊洛瓦底江三角洲，是缅甸的经济、文化中心，一座具有热带风光的美丽海滨城市，也是内外海陆交通的总枢纽，有 100 多年的建都历史。

这座公园坐落在缅甸仰光，占地面积 526110 平方米。整体设计体现着历史、现在、未来的和谐。

历来，无论是东方还是西方，体现国家形象和意志的公园或广场，都选择方形作为基本构图原则，以方形的大气和庄重满足经常举办国家仪式的需要。深圳市何小强景观设计公司承接的这个设计项目，满足了缅甸需方的要求。

2005 年 11 月 6 日，缅甸首都迁到内比都。

08 苏丹 500 镑上的喀土穆炼油厂

纸币尺寸：156mm × 74mm
1 苏丹镑≈ 0.0149 元人民币

苏丹 500 镑背面（图样，非原尺寸）

苏丹 500 镑正面（图样，非原尺寸）

喀土穆炼油公司是中国石油天然气集团公司与苏丹能矿部合资建设的苏丹境内第一个以现代化炼油厂为主体的合资公司，位于苏丹首都喀土穆以北70公里处，2000年5月建成投产。公司按照股份制的管理模式进行运作，实行董事会领导下的总经理负责制。董事会由中苏双方组成。合资双方各持有50%的股份，工程采用中国标准规范设计、施工，是中国海外最大的现代化炼油厂之一，也是苏丹技术最先进、规模最大的炼油厂。苏丹以此建立起比较完备的石油工业体系，使其由原油进口国一跃成为原油出口国，该企业为当地创造了大量就业机会，也是苏丹培养本土人才的摇篮，已经培养了6000多名掌握现代炼油技术的管理和技术人才。

09 马拉维 100 克瓦查上的布兰泰医学院

纸币尺寸：129mm × 64mm
1 马拉维克瓦查≈ 0.008 元人民币

马拉维 100 克瓦查背面（图样，非原尺寸）

马拉维 100 克瓦查正面（图样，非原尺寸）

马拉维布兰泰医学院位于布兰泰市东北部，占地100公顷。由甘肃建筑工程总公司2005年6月开工建造，2007年5月完工交付使用。

整个工程分为三期进行。按照医学院的教学功能，分为行政教学区（图书馆、教学楼、生物化学楼、生理学楼、药理学楼、动物房、化学品仓库、餐厅），生活区（男女宿舍），活动区（体育馆、足球场、篮球场）三部分。

该项目在施工过程中，每月平均吸纳400多名当地工人参加施工建设，工程最高峰期有580名当地工人参加施工。为当地提供就业岗位的同时，中方在项目全过程中按照马拉维的英式规范制定质量保证体系，对工人进行技术培训，推进样板施工。整个工程经过精心组织，在业主、设计、监理等多方严格验收下，达到工程质量优良、设备性能良好、运转正常的设计要求。

这枚纸币的显著位置上印着的医疗听诊器图案，成为整个医学院建筑群的专有标识，特别显眼。

10 塔吉克斯坦 200 索莫尼上的国家图书馆

纸币尺寸：158mm × 68mm
1 塔吉克斯坦索莫尼 ≈ 0.5603 元人民币

塔吉克斯坦 200 索莫尼背面（图样，非原尺寸）

塔吉克斯坦 200 索莫尼正面（图样，非原尺寸）

塔吉克斯坦共和国位于中亚东南部，西部和北部分别同乌兹别克斯坦、吉尔吉斯斯坦接壤，东邻中国新疆，南界阿富汗。人口约960万（2021年3月），面积14.3万平方公里，1992年1月4日与中国建交。

该国地处山区，境内山地和高原占90%，其中约一半在海拔3000米以上，有“高山之国”之称。

塔吉克斯坦国家图书馆位于首都市中心的索莫尼广场，是当地人引以为豪的建筑。承建国家图书馆“交钥匙”工程的是中国新疆建工集团第三建设工程有限责任公司，于2011年9月正式投入使用。该项目是向塔吉克斯坦独立20周年的献礼工程。

建筑面积约4.6万平方米，图书馆藏书600多万册，可同时容纳1000名读者在此借阅。

塔吉克斯坦总统拉赫蒙亲自参加了图书馆的落成典礼。

11 马拉维 2000 克瓦查上的科技大学

纸币尺寸：135mm × 66mm
1 马拉维克瓦查 ≈ 0.008 元人民币

马拉维 2000 克瓦查背面（图样，非原尺寸）

马拉维 2000 克瓦查正面（图样，非原尺寸）

马拉维科技大学占地24万平方米，群山环绕，环境优美，是一所年轻的大学，也是一所成长中的大学。

2011 年 4 月 9 日，马拉维政府在马南部乔洛地区隆重举行中国援建的马拉维科技大学项目奠基仪式。马总统穆塔里卡携夫人为项目奠基并讲话。马议长、首席大法官、内阁大部分部长、马政府首席秘书、执政党民进党秘书长等高官，马拉维各大学校长、传统领袖、宗教领袖，外国驻马使节和国际组织代表，数千人参加了这个隆重的奠基仪式。

2013 年 12 月 13 日由安徽省外经建设（集团）公司承建完工后正式交付马方投入使用。此后，中方又捐赠 1500 万美元为该校采购设备和家具等。该大学包含教学楼、行政楼、学生公寓、图书科技中心、礼堂等现代化设施，可接纳 3000 名学生在校学习。

12 马拉维 20 克瓦查上的多瓦迪教师培训学院

纸币尺寸：129mm × 64mm
1 马拉维克瓦查 ≈ 0.008 元人民币

马拉维 20 克瓦查背面（图样，非原尺寸）

马拉维 20 克瓦查正面（图样，非原尺寸）

马拉维在发展经济和社会事业方面急需数量众多的技术娴熟的劳动力，但是职业培训面临诸多困难，中国为多瓦迪援建的青年教师培训学院配置电脑等教学实训设备，开展的“人到人的发展援助计划”很受当地欢迎。在多瓦迪学院里，中国援建方还无偿凿了一口井，缓解学院师生的用水困难。

13 马达加斯加 20000 阿里亚里上的袁隆平杂交水稻

纸币尺寸：149mm × 81mm
1 马达加斯加阿里亚里 ≈ 0.0017 元人民币
（马达加斯加货币单位是五进制）

马达加斯加 20000 阿里亚里正面（图样，非原尺寸）

马达加斯加 20000 阿里亚里背面（图样，非原尺寸）

马达加斯加的农业人口占总人口80%以上，出口收入的70%来自农业。全国可耕地880万公顷，已耕地280万公顷。土地肥沃，气候适合各种热带、温带粮食和经济作物生长。有三分之二的耕地种植水稻。

2017年，马达加斯加发行新版纸币时，该国农牧渔业部专派官员赴中国长沙，将一枚20000阿里亚里高面值纸币面呈中国水稻专家袁隆平。彩印纸币上耀眼的图案杂交水稻就是中国工程院袁隆平院士率领科研团队在非洲深耕多年后奉献给马达加斯加粮食脱贫的硕果。

早在30多年前，当杂交水稻技术在中国大地上取得累累的科研硕果时，袁隆平就坚定了要让杂交水稻“走出去”，造福更多贫困人群的信念。他首先想到的是“授人以渔”，推广中国先进技术，让更多的国家和人民掌握杂交水稻种植和繁育技术。在30多年时间里，这位“杂交水稻之父”敞开胸怀，持续开办国际技术培训班，为80多个发展中国家培训了14000多名杂交水稻技术人才，并出任联合国粮农组织首席顾问，在非洲多国以及印度、孟加拉国、印度尼西亚、越南、菲律宾、美国、巴西等国实现了大面积种植。

马达加斯加是非洲种植水稻历史最悠久的国家，但是长期以来产量低下，每年需要大量进口大米才能维持国内消费。与中国合作在非洲建立特色农业技术示范中心后的十多年，袁隆平团队将科研成果推广、普及并薪火相传，使马达加斯加成为非洲种植杂交水稻面积最大、产量最高的国家。这枚纸币是以国家名片的形式向世界宣告——马达加斯加终于在粮食问题上“脱贫”了，也是马达加斯加人民向袁隆平表达诚挚敬意的告白。

继大面积推广杂交水稻技术连续取得当地丰收成果后，袁隆平团队再为马达加斯加建立了水稻良种繁育基地，实现了杂交水稻制种的规模化，为当地独立自主地可持续发展杂交水稻产业链奠定了硬核实力，无私地为非洲更快、更好地解决粮食短缺问题奉献了中国智慧。

14 阿尔及利亚 500 第纳尔上的首颗通信卫星

纸币尺寸：151mm × 71mm
1 阿尔及利亚第纳尔 ≈ 0.0477 元人民币

阿尔及利亚 500 第纳尔正面（图样，非原尺寸）

阿尔及利亚 500 第纳尔背面（图样，非原尺寸）

2019 年阿尔及利亚发行 500 第纳尔纸币的正反面印着首颗通信卫星——阿星一号，标志着这个北非国家独立后在科技发展和综合国力上一路走来的真实力量。也让中国人为之竖起大拇指，硬气了，阿尔及利亚！

“阿星一号”是中阿两国在航天领域的首次合作项目。2013 年 12 月，中国航天科技集团有限公司所属中国长城工业集团有限公司与阿尔及利亚航天局签署项目合同后，中国航天系统与国内多家系统共同为阿尔及利亚配套完成从卫星研制、发射，配套必要的卫星操控和应用系统的全套“交钥匙”工程。从天上到地面，这项“交钥匙”工程是中国和阿尔及利亚在航天领域全面合作的良好开端。在卫星初始研发设计时，中国就同步启动阿尔及利亚技术管理人员的培训计划，在传、帮、带的过程中让阿尔及利亚团队掌握先进技术的使用和管理。

“阿星一号”卫星由长征三号乙运载火箭于 2017 年 12 月 11 日在西昌卫星发射中心发射，主要用于阿尔及利亚的广播电视、应急通信、远程教育、电子政务、企业通信、宽带接入和星基导航增强服务等领域。其信号可以覆盖阿尔及利亚全境及周边国家。

该卫星正式投入使用后，阿尔及利亚政府又作出重要决定，将其国内的一块油田的开采权转交给中国，这一份大礼，对于能源需求大国中国来说，是双方多年合作的互利互赢真实情感的表达。

阿尔及利亚作为天然气和石油的能源大国，在整个非洲，整体经济实力并非前列，但是中阿友好感情极为深厚。“阿星一号”项目更为今后双方的长期诚信合作、坚守互利共享的价值理念铺垫了可持续发展的红地毯。

据 2020 年 5 月全国政协十三届三次会议中国北斗卫星导航系统工程总工程师杨长风介绍，目前世界上已经有半数国家使用中国“北斗”。

中国人是懂得感恩的。滴水之恩，涌泉相报。投桃报李是中华民族赓续千年的优良传统，也是流淌在中华民族血脉里的道德基因。

15 苏丹 5 镑和 20 镑上的卫星通信

纸币尺寸：150mm × 68mm（5 镑）
　　　　　160mm × 74mm（20 镑）
1 苏丹镑≈ 0.0149 元人民币

苏丹 5 镑正面（图样，非原尺寸）

苏丹 5 镑背面（图样，非原尺寸）

苏丹 5 镑背面（图样，非原尺寸）

苏丹 5 镑正面（图样，非原尺寸）

苏丹 20 镑背面（图样，非原尺寸）

苏丹 20 镑正面（图样，非原尺寸）

苏丹虽然遭受过经济危机的困扰，但数十年来一直在寻求开展国家空间计划，在遥感和地球信息学等领域探寻应用于本国经济和太空研究的人造卫星。

2019 年 11 月 3 日，中国深圳航天东方红海特卫星有限公司经过多年与苏丹合作，成功地在太原卫星发射中心把苏丹首颗人造卫星——苏丹科学实验卫星一号发射升空，圆了苏丹人几十年的卫星梦。中国科研团队帮助苏丹空间与航天研究人员独立地承担起从苏丹本土监控卫星运行的本领。

而当卫星在太空俯瞰地球时，有时候会遇到云彩偶然随意地飘浮过来，遮挡住人们的视线，但是太空中的卫星清清楚楚地看到整个世界迅速地变化着，融合着。历经地球风雨中的地球人，正以前所未有的姿态从四面八方拥抱着和平、美满、和谐的新世界！这三枚纸币图案诉说着苏丹梦想成真的历练。

16 新加坡 20 新加坡元上的华侨领袖陈嘉庚

纸币尺寸：162mm × 77mm

1 新加坡元 ≈ 4.8285 元人民币

新加坡 20 新加坡元背面（前排左二是陈嘉庚）（图样，非原尺寸）

新加坡 20 新加坡元正面（图样，非原尺寸）

新加坡共和国北隔柔佛海峡与马来西亚为邻，南隔新加坡海峡与印度尼西亚相望，毗邻马六甲海峡南口。人口约 570 万（2019 年 6 月），以华族人口为主。新加坡国土面积达 724.4 平方公里，1990 年 10 月 3 日与中国建交。

新加坡是一个发达资本主义国家，其发展经济的模式曾经被誉为“亚洲四小龙”。

2019 年 6 月，新加坡为纪念开埠 200 周年发行塑基纪念钞一枚，印有新加坡建国历史上的八位杰出人物。他们来自不同民族、不同行业，但各自都对新加坡的发展和进步做出了重要贡献。其中著名爱国华侨领袖、企业家、教育家、慈善家、社会活动家陈嘉庚先生（1874 年 10 月 21 日—1961 年 8 月 12 日）也是中华人民共和国成立 70 周年时，受党中央、国务院隆重表彰的对中国有突出贡献的“最美奋斗者”之一。在世界各国发行货币的历史上，陈嘉庚是获此最高荣誉和地位的海外华人。

陈嘉庚

1949 年，他应毛泽东主席的邀请回国参加政协筹备会，曾任中国人民政治协商会议全国委员会副主席、全国人民代表大会常务委员会委员、中华全国归国华侨联合会主席等职。曾被毛泽东称誉为“华侨旗帜、民族光辉”。

1990 年 3 月 11 日，国际小行星中心和小行星命名委员会把一颗编号为 2963 的小行星命名为“陈嘉庚星”。

陈嘉庚一生为辛亥革命、抗日战争、解放战争、中国的建设做出了卓越的贡献。

在新加坡先后积极资助与创办六所华侨华文学校，开创了华侨在海外办学新风。在家乡陆续办起师范、中学、水产、航海、商业、农林等校；另设幼稚园、医院、图书馆、科学馆、教育推广部，统称“集美学校”；创办全国第一家侨办大学——厦门大学。

陈嘉庚还被誉为“橡胶大王”。当橡胶第一次从巴西移植到马来西亚时，陈嘉庚即用 2000 元购了种子，播种在菠萝园中，进而大面积种植，到 1925 年，他已拥有橡胶园 6070 公顷，成为华侨中最大橡胶垦殖者之一。之后他开办橡胶制品厂，生产橡胶鞋、轮胎和日用品。鼎盛时期营业范围远及五大洲，为 3 万余人提供就业岗位，在华侨中第一个打破英国垄断资本的垄断局面；他还培养了成千上万名企业家和技术人才。

抗日战争时期，陈嘉庚积极支援抗战，发起成立“马来亚新加坡华侨筹赈祖国伤兵难民大会委员会”，并应国内之请招募 3200 余位华侨机工（汽车司机及修理工）回国服务，在新开辟的滇缅公路上抢运中国抗战急需的战略物资。

1940 年，陈嘉庚组织南洋华侨回国慰劳团历访重庆、延安等地。他据实发表关于延安观感的演讲，盛赞陕甘宁边区的新气象。通过对国共两党辖区的访问，陈嘉庚认为“中国的希望在延安”。

陈嘉庚身在海外，始终保持着浓浓的家国情怀，时刻心系祖国的命运。这枚纪念钞的发行，是海外华人与当地人民命运与共，携手共创美好生活的珍贵历史诠释。

17 埃及 50 皮阿斯特和 1 埃及镑上的沙漠农业种植

硬币规格：直径 25 毫米　重 8.5 克（1 埃及镑）
　　　　　直径 23 毫米　重 6.5 克（50 皮阿斯特）
1 埃及镑≈ 0.4093 元人民币
1 埃及镑 =100 皮阿斯特

埃及 50 皮阿斯特背面

埃及 50 皮阿斯特正面

埃及 1 埃及镑背面

埃及 1 埃及镑正面

2017年5月，中国和埃及两国签署了4亿美元的现代农业温室联合项目合同，标志着双方农业合作跨进了新的阶段。这个合作项目也成为埃及现代农业发展的里程碑。由中国国机重工集团有限公司在埃及承建的大面积的温室，建筑材料和技术支持全部来自中国。已经建成的大量温室，将沙漠变成了新鲜水果和蔬菜的绿色世界，温室农产品不仅满足埃及国内市场需求，还出口到邻国，不仅为当地提供了几万个就业岗位，更为促进经济的可持续发展起到积极作用。

陆

“一国两制”看港澳

YIGUO LIANGZHI KAN GANG'AO

PATACAS
ABRIL DE 2019
ADMINISTRATIVO N.º 9/2019
ADMINISTRAÇÃO
伍佰
The Hongkong and Shanghai Banking Corporation Limited
香港上海滙豐銀行有限公司
20
澳門元
貳拾圓
大西洋銀行
MA4770972
MA4770972
500
PATACAS
BANCO N
BANCO NACIONAL ULTRAMARINO
MACAU
澳門
MACAU, 11 DE NOVEMBRO DE 2013
CONSELHO DE ADMINISTRAÇÃO
壹仟
The Hongkong and Shanghai Banking Corporation Limited
香港上海滙豐銀行有限公司
BANCO NACI
HSBC

01 中国香港特别行政区 500 港元上的国际机场

纸币尺寸：158mm × 79mm
1 港元 ≈ 0.8228 元人民币

中国香港特别行政区 500 港元背面（图样，非原尺寸）

中国香港特别行政区 500 港元正面（图样，非原尺寸）

香港，包括香港本岛、九龙和新界，是19世纪帝国主义殖民者用三个不平等条约（《南京条约》《马关条约》《辛丑条约》）强行霸占的中国领土。中华人民共和国成立后，中国政府明确表示：香港是中国领土，中国不承认帝国主义强加给中国人民的三个不平等条约，明确表示在适当的时间要解决这个遗留的历史问题。

1982年9月，邓小平在北京会见英国首相撒切尔夫人时，提出了“一国两制”收回香港的构想。1984年3月六届全国人大二次会议正式提出“一国两制”的制度设计。此后中英两国政府多次谈判，于1984年12月正式签署联合声明。1990年4月全国人大常委会公布《香港特别行政区基本法》，明确为了维护国家的统一和领土完整，保持香港的繁荣和稳定，并考虑到香港的历史和现实情况，国家决定：设立香港特别行政区，实行“一个国家，两种制度”的政策。

从1982年9月到1997年7月1日香港回归祖国的10多年过渡期间，乃至回归以后20多年间，中国政府和社会各界为保持香港的长期繁荣稳定，支持并帮助香港持续建设了一批国际化、现代化的城市地标项目，有些地标作为“一国两制”的名片相继被英国汇丰银行、渣打银行印在香港流通纸币上，诠释着“一国两制”的超凡智慧和实践成果。

这枚汇丰银行发行的500元港元上的图案，是位于香港大屿山赤鱲角的香港国际机场，是香港有史以来最大的建设工程，从20世纪70年代初设计始至1998年7月2日江泽民为新机场启用仪式揭幕，这个20世纪全球十大建筑之一的香港国际机场目睹了香港回归祖国怀抱的风雨历程。

02 中国香港特别行政区 1000 港元上的国际会展中心

纸币尺寸：163mm × 82mm
1 港元 ≈ 0.8228 元人民币

中国香港特别行政区 1000 港元背面（图样，非原尺寸）

中国香港特别行政区 1000 港元正面（图样，非原尺寸）

位于维多利亚港湾的香港国际会展中心，一期工程是在 1988 年 11 月建成的，1994 年至 1997 年，在维多利亚港上一个面积为 6.5 公顷的人工岛上进行二期扩建，一、二期会展工程之间以一条 110 米横跨海面的架空人行道连接。向海面为金紫荆广场，是 1997 年 7 月 1 日香港回归中国举办政权交接仪式的所在地，是每天举行升旗仪式的地方。

当江泽民在这里庄严宣布“中华人民共和国香港特别行政区政府成立”时，这栋建筑便被永远定格为世界瞩目的历史坐标点。

03 中国澳门特别行政区 50 澳门元上的西湾大桥

纸币尺寸：148mm × 74mm
1 澳门元 ≈ 0.7989 元人民币

中国澳门特别行政区 50 澳门元背面（图样，非原尺寸）

中国澳门特别行政区 50 澳门元正面（图样，非原尺寸）

澳门自古以来就是中国版图的一部分，至1535年（明嘉靖十四年），广州市舶司迁至澳门，澳门正式开埠并发展成为重要的对外贸易港口。但是在16世纪中叶以后，澳门被葡萄牙逐步占领后沦为殖民地。

中华人民共和国成立后，中国政府多次阐明澳门是中国领土不可分割的一部分的立场，主张通过谈判解决澳门问题。

1984年10月，邓小平提出与香港一样，以“一国两制”方针解决澳门问题。1987年4月13日，中国、葡萄牙两国政府签署《中葡联合声明》，确认中华人民共和国于1999年12月20日恢复对澳门行使主权。《中葡联合声明》于1998年1月15日生效，澳门进入过渡期。

1999年12月20日，中国恢复对澳门行使主权，设立澳门特别行政区。

澳门特别行政区有大西洋银行和中国银行（澳门）为发钞银行。

2013年大西洋银行发行的50澳门元纪念钞，是为西湾大桥通车而专门发行的。西湾大桥是澳门特别行政区建立后宣布建造的首座跨海大桥。回归中国以前，葡萄牙等外国资本在澳门已建有澳氹大桥、友谊大桥。当澳门特别行政区政府决策在澳门域内建造第三座跨海大桥时，得到中央政府和中国内地企业的全力支持。

大桥是连接澳门半岛与氹仔岛的跨海通道，是澳门特别行政区南部通道的组成部分。2002年10月动工兴建，2004年12月竣工，2005年1月9日开通运营。

大桥北起孙逸仙大马路，上跨前山水道入海口，南至东亚运大马路。线路全长1825米，

主桥长 400 米。桥面上层为双向六车道高速公路，设计时速 80 千米 / 小时，下层为双向轻轨铁路，设计时速为 70 千米 / 小时。

这座大桥的设计理念，主塔采用“M”造型，是世界首创，别具匠心。“M”是澳门（Macao）的第一个字母，也是罗马数字以及阿拉伯数字 3，寓意第三座大桥；又与澳门地标“大三巴”相像，寓意澳门三岛紧密相连；桥墩宛如盛开的莲花花瓣，与澳门特别行政区的象征“莲花”呼应，寓含澳门地方特色。该桥还被北京 29 届奥运会组委会宣布为火炬传递计划的澳门火炬传递路线之一。

承建该桥的中铁大桥局集团四分公司还把 M 型桥梁造型实例的设计向世界桥梁界推广宣传，成为世界桥梁界的成功范例。

该桥在施工时，受澳门地域狭小和劳动力供应不足的限制，把建筑材料和施工主场地布置在离桥不远的西海岸珠海横琴岸侧。而当时珠海横琴岸侧正是珠海市已规划待开发的黄金帝王地块资源。把这块极其昂贵珍稀的土地资源腾挪给澳门西湾大桥用作施工场地，大大减轻了澳门特别行政区政府的造桥费用。大桥的钢结构构件加工，水上混凝土供给，主梁的节段预制等主要工程都安排在横琴岸侧土地上完成，然后用船浮运至桥位组拼安装。这样有效保护了海上环境，加快了施工进度，大大降低了工程成本，改善了澳门交通格局，促进了澳门经济发展。

澳门特别行政区由澳门半岛、氹仔岛和路环岛组成，总面积因沿岸填海造地而一直扩大，由 19 世纪的 10.28 平方公里增加到目前 32.8 平方公里。

04 中国澳门特别行政区 500 澳门元上的旅游塔

纸币尺寸：159mm × 79mm
1 澳门元≈ 0.7989 元人民币

中国澳门特别行政区 500 澳门元背面（图样，非原尺寸）

中国澳门特别行政区 500 澳门元正面（图样，非原尺寸）

澳门旅游塔是由中国建筑工程（澳门）有限公司总包施工完成的。由新西兰建筑师戈登·莫勒（Gordon Moller）设计。建设工程于1998年展开，于2001年12月19日正式对外开放。塔高338米，公众观景层离地面223米，还包括两层高的室内主观景台、酒廊、360度旋转餐厅及户外观景台，可尽揽室外景致。参观者既可在主观景台俯瞰澳门全景，也可远眺珠江三角洲及部分香港离岛的景观。

旅游塔位于南湾新填海区，面对珠江口，离澳门客运码头仅5分钟车程，距离珠海及澳门国际机场亦不超过15分钟车程。连同其户外广场，形成一个集大型会议、旅游及娱乐设施的标志性地标。

05 中国澳门特别行政区 20 澳门元上的国际机场

纸币尺寸：144mm × 71mm
1 澳门元 ≈ 0.7989 元人民币

中国澳门特别行政区 20 澳门元背面（图样，非原尺寸）

中国澳门特别行政区 20 澳门元正面（图样，非原尺寸）

澳门国际机场是全球第二个、中国第一个完全由填海造陆而建成的机场。澳门特别行政区政府考虑到澳门每年的旅客吞吐量、货邮吞吐量和起降架次都呈现逐年增长的发展态势，向中央人民政府提出扩建二期工程的申请。2018年2月完成二期扩建工程后，跑道长度为3360米，停机位24个，共开通中国国内和世界各地通航城市58个。

机场现有连接跑道人工岛和停机坪的两条滑行桥之间的浅水区域和附近水域完成填海后，为澳门的发展又添加了发展空间。

06 中国澳门特别行政区 20 澳门元上的港珠澳大桥

纸币尺寸：143mm × 71mm
1 澳门元 ≈ 0.7989 元人民币

中国澳门特别行政区 20 澳门元背面（图样，非原尺寸）

中国澳门特别行政区 20 澳门元正面（图样，非原尺寸）

澳门特别行政区政府为纪念澳门回归祖国20周年，于2019年4月1日批准澳门2家发钞银行（大西洋银行和中国银行澳门分行）同时发行20澳门元纪念钞，纸币正面满幅画面印着港珠澳大桥，体现着“一国两制”成功实践深入澳门人心。

港珠澳大桥是世界上最长的跨海大桥。跨越伶仃洋，东接香港，西接广东珠海和澳门，总长约55公里，是粤港澳三地首次合作，耗时7年共建的超大型跨海交通工程。

1983年，香港曾经构想过修建横跨珠江口、连接香港与珠海的跨海大桥，但以当时的技术条件，连施工中基本的安全都难以保证。但到了2018年10月，这座连接香港、珠海和澳门三地的大桥已经全线贯通。

后记

2019 年 11 月 10 日—15 日，北京西城区第一文化馆举办《红色货币南北情，革命文物初心谱——余榴梁先生集藏中国革命根据地红色钱币暨人民币珍稀品鉴赏》展览，我有幸与余榴梁先生在北京朝夕相处整一周。在展览和讲座之外的时间里，我们二人聊得最多的话题是关于钱币上的红色基因。

中国共产党在领导中国各族人民进行新民主主义革命的伟大斗争中，为了冲破帝国主义和国民党反动派的经济封锁和军事“围剿”，在没有取得全国政权前的二十八年里，先后在各革命根据地因陋就简，因地制宜，千方百计创办银行，发行红色货币，支持着中国土地革命、抗日战争、解放战争的胜利！留存至今的每一枚根据地钱币，都是革命先辈们为建立中华人民共和国而传给子孙后代极其珍贵的精神财富和文物宝典。而中华人民共和国成立以后，当中国人民自身还非常困难的时候，中国无私、慷慨地向东南亚周边国家、非洲国家，以及世界上其他需要帮助的国家伸出援手，帮助他们发展经济，建设家园。有不少国家把“中国友谊”作为国家的名片，印在了本国法定货币上。这些世界货币上的中国印记，是历经半个多世纪，几代中国人节衣缩食，无私奉献，为世界和平发展贡献中国智慧的历史证明。

余榴梁先生认为，梳理“世界货币上的中国印记”这个主题，是和梳理中国革命根据地红色钱币一脉相承的事，是从血脉里延续着瑞金、井冈山、延安、天安门一路走来的红色货币的传统基因，是与“一带一路”共商共建共享，追求人类命运共同体和谐发展的理念相互吻合的收藏创意。

他为本书的藏品筛择、选题策划、框架设计等提出了许多独到的建议；2019年12月初，移民加拿大卡尔加里近20年的吴苹带着女儿回国时，看到几十枚带有中国印记的世界货币时，第一句话就说："这是可以让所有海外华人醉心的。看到这些，我们在外面受了所有的委屈，所有的劳苦都不算什么了！"她说看到这些钱币时，一下子就觉得在海外当个中国人真是一件令人自豪的事。她执意要求在英国留学并攻读艺术设计的女儿为本书绘插图，在回国短短的几天时间里，与我长聊数次；20来岁的女儿是在海外长大的，连中文的听、说都有些困难，但是不敢违背母亲旨意，很认真地、努力地试着电脑绘图并发给我好几份邮件。其实，想用插图表现外国钱币上的中国味，不是仅有情怀可及的，也不是一般的画家能够揽下的活儿。吴苹说"所有华人会醉心"，这句话，我相信！

2020年1月，在澳大利亚悉尼大学攻读"决策研究"硕士课程的杜淳回国度假时，帮助我在网上满世界"找钱"；检索、考证20多枚各国货币，协助我在多语种的世界货币中求证确凿的"中国印记"实据；这个"95后"的上海男孩在潜移默化中，与"四史"结下情缘。

上海静安区芷江街道的邻里文化沙龙里，热心的李老师、姚老师，发动数十位藏友帮助我，线上线下联动，并且启动了北京、江西、深圳、南京等多位资深藏友资源，为我配置专题藏品。因为新冠疫情造成物流和人员流动困难，这二位老师在线上支持我持续沟通协调，真正是"众人拾柴火焰高"的感人缘分。

上海电影评论学会在公众号开设"电影与货币"专栏，为中国印记专题热身。

华东师范大学和东华大学勤工俭学助学中心，选配数名学生协助图文资料的收集，同时也为大学生们打开了看世界的窗口。

北京世界知识画报总编徐强闻悉本选题信息后，凭资深媒体人的第一嗅觉，迅即联系作者，以连载3年的《外交官看世界》专栏访谈文章对接《世界货币上的中国印记》选题策划；北京世界知识出版社总编章少红在快节奏、高频率的公务时间表中，专约作者研探选题孵化的可行性。彼此不约而同地达成共识：世界货币上的所有中国印记，第一见证者是中国外交官，是中国几代外交官持续奋斗的成果！展示世界货币上的中国印记，就是展示中国外交的成就。交谈中，偶知章少红总编也是一位世界钱币收藏爱好者，或许这就是这位出身于外交官世家的出版人的情结所源。

江苏、上海等出版界的专家，为本选题的策划、深耕，献计献策；上海邦信阳中建中汇律师事务所王靖律师提供了细心的法律服务。

安徽人民出版社总编刘哲，是表达明确出版意向、深耕这个选题的第一人。初与作者见面，在会议室大桌上，还没有全部展摊完钱币藏品，他指尖已经准确地点在非洲地图上的各个项目位置；从阿尔及利亚到好望角，从吉布提到佛得角，从非洲全图到世界地理，主张以类系事，以时为序，其娴熟厚实的文化内韵，从一开始，便让人信服。读完作者送审的初稿，他对数枚纸币记载的史实所经历的风云变幻，提出了沉重话语的考问，唯恐当代青年人解读不当会引起误解，明确表示：“宁缺毋燥，即使目前的考证史料铁实，也暂存备库，待今后的岁月细嚼慢咽。”他为打磨书稿倾注的热情使人记忆深刻。

袁小燕主任是本书稿早期的策划研探者之一。本书编著过程中，浸润着她付出的心血。为了使世界图片讲活中国故事，她向我提出过很有见地的策划方案；为了用老外情结表述中国心迹，使各国货币能够存世鉴史，她多方牵线协调，导入资源佐证考据，审读、补充、修改，真真切切地为本书珍贵史料价值担起了责任。她曾经数次对我说：“我是安徽人民出版社的责任编辑！”在“安徽人民出版社”的这几个字眼里她是用了重音语感表达的。

还有抱病抢时间的美编，努力地用专业的现代技术，尽可能地领着读者走进五大洲的货币场景，感悟中国印记的画面深处。真是用了心思的。

世界货币上一定还会有更多的中国印记展示在世人面前。

谨以本书献给中国共产党诞生百年之庆典！

杜晓建

2021 年 6 月